단순함의 노하우
클린 코드의 기술

실무 프로그래머로서 잠재력이 획기적으로 향상되는 방법
현실적으로 할 수 있는 행동과 코드 예제 소개

클린 코드의 기술

독자님의 의견을 받습니다
이 책을 구입한 독자님은 영진닷컴의 가장 중요한 비평가이자 조언가입니다. 저희 책의 장점과 문제점이 무엇인지, 어떤 책이 출판되기를 바라는지, 책을 더욱 알차게 꾸밀 수 있는 아이디어가 있으면 팩스나 이메일, 또는 우편으로 연락주시기 바랍니다. 의견을 주실 때에는 책 제목 및 독자님의 성함과 연락처(전화번호나 이메일)를 꼭 남겨 주시기 바랍니다. 독자님의 의견에 대해 바로 답변을 드리고, 또 독자님의 의견을 다음 책에 충분히 반영하도록 늘 노력하겠습니다.

이메일   support@youngjin.com
주 소   (우)08507 서울시 금천구 가산디지털1로 128 STX-V타워 4층 401호 (주)영진닷컴 기획1팀
https://www.youngjin.com/

파본이나 잘못된 도서는 구입하신 곳에서 교환해 드립니다.

저자 Christian Mayer | **역자** 유동환 | **책임** 김태경 | **진행** 김용기
표지디자인 김유진 | **내지 디자인** 이경숙
영업 박준용, 임용수, 김도현 | **마케팅** 이승희, 김근주, 조민영, 김도연, 김민지, 임해나
제작 황장협 | **인쇄** SJ P&B

지은이 소개

크리스찬 메이어(Christian Mayer)는 유명한 파이썬 사이트인 핀스터(Finxter.com)의 설립자입니다. 핀스터는 연간 500만 명 이상의 사람들에게 프로그래밍을 가르치는 교육 플랫폼입니다. 그는 컴퓨터 공학 박사 학위가 있으며 Python One-Liner(No Starch Press, 2020), Leaving the Rat Race with Python(2021)과 the Coffee Break Python 시리즈의 저자입니다.

기술 감수자 소개

노아 스판(Noah Spahn)은 소프트웨어 공학에 관하여 넓은 범위의 경험을 가지고 있습니다. 그는 캘리포니아 주립대학교 풀러턴(California State Unversity, Fullerton)에서 소프트웨어 공학 석사를 받았으며 현재 캘리포니아 대학 산타바바라(University of California, Santa Barbara, UCSB)의 컴퓨터 보안 그룹에서 근무하고 있습니다. 노아는 UCSB 학제간 연구소에서 파이썬을, 웨스트몬 대학에서는 프로그래밍 언어의 개념에 대해 고학년 과목을 가르쳤습니다. 노아는 배움에 관심이 있는 어떠한 사람에게도 즐거운 마음으로 교육합니다.

역자 소개

책 쓰는 프로그래머 유동환은 연세대학교 정보대학원에서 경영정보학을 전공한 후 LG 전자의 webOS 개발실에서 오픈 소스 Chromium 기반 프로젝트를 진행하고 있습니다. 페이스북 그룹인 책쓰는 프로그래머 협회(https://www.facebook.com/groups/techbookwriting)의 리더입니다. 집필한 책으로는 『코딩은 처음이라 with 자바』(영진닷컴), 『처음 배우는 플러터』, 『안드로이드를 위한 Gradle』과 『RxJava 프로그래밍』(이상 한빛미디어)이 있고, 번역한 책으로는 『자바와 JUnit을 활용한 실용주의 단위 테스트』(길벗), 『자바로 배우는 핵심 자료구조와 알고리즘』과 『퀴커스 쿡북』(이상 한빛미디어) 등이 있습니다.

목차

상세 목차

1장_ 복잡성은 어떻게 생산성을 해치는가

2장_ 80:20 원칙

3장_ 최소 기능 제품 만들기

4장_ 클린하고 단순한 코드 작성하기

5장_ 성급한 최적화는 모든 악의 근원

6장_ 몰입

7장_ 한 개의 일을 잘하기와 다른 유닉스 원칙들

8장_ 디자인은 적은 것이 더 많다

9장_ 집중

처음 파이썬 코드를 작성했을 때 얼마나 흥분되었는지 기억이 납니다. 마치 완전히 새로운 마법의 세계에 입장한 느낌이었습니다. 시간이 지나면서 파이썬 변수, 리스트와 딕셔너리를 배웠습니다. 그다음 파이썬 함수들을 작성하고 열정적으로 더 복잡한 파이썬 코드를 작성하였습니다. 하지만 오래지 않아 코드를 작성하는 것이 실력 있는 프로그래머로 이어지지 않는다는 것을 깨달았습니다. 마치 몇 가지 마법의 트릭을 배웠으나 프로그래밍 마법사가 되는 것과는 거리가 먼 것과 같았습니다.

작업을 완료했지만 제 코드는 반복적이고 읽기 어려웠기에 끔찍했습니다. 크리스가 이 책에 대해서 얘기했을 때 '만약 내가 처음 코딩을 시작했을 때 이 책을 봤으면 좋았을 텐데'라고 스스로 생각했습니다. 여러분에게 코딩의 기술들을 가르치는 책들은 많지만 이 책(클린 코드의 기술)은 특별합니다. 이 책은 여러분의 프로그래밍 능력을 향상하는 9가지 원칙을 어떻게 적용하는지 보여줍니다. 그리고 좋은 프로그래밍 기술은 클린한 코드, 더 높은 집중, 시간의 효율적인 사용과 더 높은 품질로 이어집니다.

"복잡성은 어떻게 생산성을 해치는가"(1장)의 내용은 제가 파이썬과 데이터 가시화를 배울 때 읽었다면 매우 도움이 되었을 것입니다. 그 이유는 읽기 쉬우면서도 더 적은 코드로 강력한 대시보드를 만들 수 있다는 것을 더 빨리 깨달을 것이기 때문입니다. 제가 처음 배울 때는 파이썬 함수와 연산들을 배우면서 단지 모든 새로운 마법의 트릭들을 사용하여 어마어마한 데이터 가시화 기능을 구현하려고 했습니다. 하지만 단지 새로운 기술들을 사용하는 대신에, 클린 코드로 구현하고 끊임없이 더 단순하고 빠르게 디버깅할 수 있다는 것을 배웠습니다.

6장과 7장에서 다루고 있는 몰입의 상태와 유닉스 철학은 제가 몇 해전에 알았다면 더 좋았을 두 가지 새로운 원칙입니다. 멀티태스킹은 우리 문화에서 바람직한 기술로 여겨졌습니다. 흔히 우리는 이메일과 전화를 하면서도 코딩할 수 있는 능력을 자랑스러워했습니다. 주의 분산을 차단하고 모든 정신을 현재 작업 중인 코드에 쏟아붓는 것이 얼마나 효과적인지 깨닫는데 한참이 걸렸습니다. 몇 달 후 저는 달력에 시간을 고정하여 코딩에 집중하였습니다. 훨씬 더 적은 오류로 더 좋은 코드를 작성했을 뿐만 아니라 그 과정에서 더 많은 즐거움을 느꼈습니다.

이 책에 서술된 원칙들을 적용하면 여러분이 능력 있는 프로그래머가 되는 경로를 단축시킬 것입니다. 사실 저는 이 책의 원칙들을 적용하는 이득을 먼저 목격할 기회를 가졌습니다. 크리스의 코드는 클린하고 그의 글은 설득력 있고 그는 다작합니다. 크리스와 함께 작업하는 것은 저에게 큰 행운이었고 그가 이 책에서 강조한 원칙들을 어떻게 체화했는지 목격할 수 있었습니다.

어떻게 코딩하는지 잘 알려면 호기심과 많은 연습이 필요합니다. 하지만 좋은 코더와 좋은 프로그래머에는 차이가 있습니다. 이 책은 여러분이 더 집중하고 더 생산적이고 더 효과적인 훌륭한 프로그래머가 되도록 도울 것입니다.

아담 슈뢰더(Adam Schroeder), 플로틀리(Plotly)의 커뮤니티 매니저
<Python Dash>(No Starch Press, 2022)의 공저자

감사의 말

한 권의 프로그래밍 서적을 집필하는 데는 많은 사람들의 아이디어와 공헌이 필요합니다. 단지 그 목록을 나열하기보다 이번에도 제 나름의 원칙인 "적은 것이 더 많다"를 따르고 싶습니다.

무엇보다도 여러분에게 감사합니다. 이 책에 여러분의 코딩 능력을 향상하고 실세계에서 실용적인 문제들을 푸는데 도움이 되고자 집필하였습니다. 여러분의 귀중한 시간을 저를 믿고 사용해주셔서 감사합니다. 이 책의 주된 목적은 여러분의 시간을 절약하고 코딩 경력 기간의 스트레스를 줄이는 팁과 전략을 공유하는 데 있습니다.

필자의 동기부여 원천은 핀스터 커뮤니티의 열정적인 회원들입니다. 매일 핀스터 학생들에게서 받은 힘찬 메시지들은 필자가 꾸준히 콘텐츠를 생산하는 동기를 주었습니다. 여러분이 이 책을 읽으면서 저는 진심을 담아 여러분이 핀스터 커뮤니티로 오신 것을 환영하고 싶습니다.[1] 커뮤니티에서 만나요!

집필 작업을 깨닫는 경험으로 만들어준 No Starch Press에게 깊이 감사합니다. 편집자인 리츠 채드윅(Liz Chadwick)은 제 스스로는 끌어낼 수 없는 수준으로 이 책의 명료함을 이끌어주었습니다. 카트리나 테일러(Katrina Taylor)는 책의 초안부터 출판 기간 내내 관리 업무와 원문에 대한 이해에 비범한 능력을 보였습니다. 카트리나로 인해 이 책이 나올 수 있었습니다! 기술 감수자인 노아 스판은 그의 기술적 탁월성을 "제 책을 디버깅"하는데 투자하였습니다. No Starch Press의 설립자인 빌 폴록(Bill Pollock)께도 감사드립니다. 필자는 다른 책인 <Python One-Liner>와 <Python Dash>를 통해 프로그래머들을 교육하고 그들에게 즐거움을 주는 그의 사명에 작게나마 공헌할 수 있었습니다. 빌은 코딩 산업에 있어 감명을 주고

---

1 ㈜ 파이썬 이메일 아카데미는 https://blog.finxter.com/subscribe/에서 가입할 수 있습니다. 핵심 요약 노트도 제공합니다.

많은 사람들이 따르는 지도자입니다. 그리고 그는 필자의 메시지와 질문에 휴일, 주말과 밤에도 응답하는 작은 일에도 기꺼이 시간을 할애하셨습니다!

나의 아름답고 든든한 아내인 안나, 환상적인 이야기와 아이디어로 가득한 사랑스러운 딸인 애밀리와 모든 사람을 행복하게 만들어주는 나의 호기심 많은 아들 가브리엘에도 깊이 고마운 마음을 전합니다.

자 이제 우리 시작해볼까요?

역자의 말

파레토 법칙(80:20 원칙). 적은 것이 더 많다. 몰입과 집중.

보통 개발 도서에서는 보기 힘든 키워드로 이 책의 주제는 클린 코드지만 개발자뿐만 아니라 일반 직장인에게도 도움이 되는 내용들로 가득합니다.

저는 LG 전자의 휴대폰 사업 철수로 인해 10년 넘게 근무한 MC 사업본부를 떠나 현재는 webOS 개발실에서 C++ 및 파이썬 개발자로 일하고 있습니다. 개발 언어는 자바에서 C++과 파이썬으로 바뀌고, 개발 환경은 안드로이드에서 오픈 소스 Chromium으로 많은 것이 달라졌습니다.

이 책은 사소한 다수(trivial many)는 버리고 핵심 소수(vital few)에 역량을 집중하라고 주문합니다. 그렇게 불필요한 것을 제거하고 핵심적인 것만 남기면 자연스럽게 클린 코드가 되고 MVP(최소 기능 제품)가 되고 최소주의적(minimalistic) UX가 됩니다. 기존의 <클린 코드>가 코드의 군살을 덜어내는 방법을 알려주었다면 이 책은 코드뿐만 아니라 그 이면에 있는 생각의 군살을 덜어내고 더 중요한 것에 과감하게 집중할 수 있게 해 줍니다.

현직 개발자인 저에게도 큰 도움이 되었습니다.

얼마 전에 개인적으로 기쁜 소식이 있었습니다. 첫 딸 채연이가 태어났는데요 신생아 보느라 밤잠 줄여가며 번역하는 게 쉽지는 않았지만 독자분들께도 긍정과 행복의 기운을 드리고 싶습니다. 벌써 두 번째 책을 같이 하게 된 영진닷컴 김용기 편집자와 사랑하는 아내 지영에게 감사의 말을 전합니다.

2022년 12월

유동환 드림(책쓰는 프로그래머)

들어가며

옛날에 빌 게이츠(Bill Gates)의 부모님은 전설적인 투자가 워렌 버핏(Warren Buffet)을 가정으로 초대해 함께 시간을 보냈습니다. CNBC 인터뷰에서 워렌 버핏은 그때의 일을 회상하며 빌의 아버지는 워렌과 빌에게 그들의 성공 비밀을 적어보라고 청하였습니다. 여기서는 그들이 그때 적었던 것을 이야기할 것입니다.

그 당시 기술 영재인 빌 게이츠는 유명한 투자가인 워렌 버핏을 겨우 한두 번 만났지만 이내 그들은 빠르게 친구가 되었고 그들 모두 수십억 달러의 성공적인 회사를 운영하고 있었습니다. 젊은 빌 게이츠는 빠르게 성장하는 소프트웨어 거대 기업인 마이크로소프트를 통해 그의 미션인 "모든 책상에 컴퓨터를"의 달성을 눈앞에 두고 있었습니다. 워렌 버핏은 그가 대주주로 있는 회사인 버크셔 해서웨이(Berkshire Hathaway)를 빈털터리의 섬유 생산 회사에서 보험, 교통과 에너지 같이 다각화된 비즈니스를 보유한 국제적인 거대 기업으로 성장시킨 것으로 유명합니다.

그래서 두 비즈니스의 전설들은 성공의 비밀을 무엇이라고 했을까요? 그 이야기에 따르면 서로 상의하지도 않았는데 빌과 워렌은 각자 집중(Focus)이라는 한 단어를 적었다고 합니다.

📝 **NOTE** *유튜브에서 "빌 게이츠를 설명하는 한 단어와 나의 성공은 집중이었다 – 워렌 버핏("One word that accounted for Bill Gates' and my success: Focus' — Warren Buffett)"라는 제목의 CNBC 인터뷰를 찾을 수 있습니다.*

이 "성공 비밀"이 충분히 단순하기에 여러분은 궁금할 것입니다. 프로그래머로서의 커리어와 무슨 관계가 있지? 실제로 집중은 어떤 모습이지? 밤새 에너지 드링크와 피자와 함께 코딩하거나 아마도 온통 단백질 식단을 먹고 이른 아침에 일어나는 것? 집중된 삶이 만들어내는 분명하지 않은 결론들은 무엇이지? 그리고 중요하게 나 같은 프로그래머가 어떻게 추상적인 원리를 적용하여 생산성을 향상할 수 있는 행동 가능한 팁은 무엇이지?

이 책은 이러한 질문들에 답하며 여러분이 프로그래머로서 좀 더 집중된 삶을 살고 매일 업무에서 더 효과적으로 되도록 돕는 것을 목표로 합니다. 여러분이 읽고 쓰고 다른 사람과 협동하기 쉬운 클린하고 간결하고 집중적인 코드를 작성하여 여러분이 어떻게 생산성을 높일 수 있는지 보여줄 것입니다. 앞으로 나오는 장들에서 나오듯 집중적인 원칙들이 소프트웨어 개발의 모든 단계에서 제시될 것입니다. 여러분은 클린한 코드를 작성하는 법, 한 개의 일을 잘하는 집중된 함수들을 만드는 법, 빠르고 반응적인 응용 프로그램을 만드는 법, 집중된 사용자 인터페이스를 설계하여 사용성과 심미성을 높이는 법과 최소 기능 제품을 통해 제품 로드맵을 계획하는 법을 배울 것입니다. 심지어 순수한 집중의 상태가 여러분의 집중력을 대단히 높이고 업무에서 좀 더 많은 흥분과 즐거움을 경험하는데 도움이 되는지 보여줄 것입니다. 보시다시피 이 책의 대단히 중요한 주제는 여러분이 할 수 있는 모든 방법으로 집중하는 것입니다. 앞으로 나올 장들에서 정확히 이것을 어떻게 하는지 살펴볼 것입니다.

진지한 프로그래머로서 여러분의 집중과 생산성을 지속적으로 높여가는 것은 매우 중요합니다. 가치 있는 일을 더 많이 하면 더 큰 보상을 받을 것입니다. 하지만 단순히 출력을 높이는 것은 해답이 아닙니다. 함정은 다음과 같습니다. *만약 내가 더 많은 코드, 더 많은 테스트 코드, 더 많은 독서, 더 많은 학습, 더 많은 생각, 더 많은 의사소통과 더 많이 사람들을 만나면 나는 더 많이 이룰 거야.* 하지만 여러분은 *더 적게* 하지 않고는 *더 많이* 할 수 없습니다. 시간은 한정되어 있습니다. 나와 우리 모두 하루는 24시간이고 한 주는 7일입니다. 여기에는 피할 수 없는 물리적인 제한이 있습니다. 제한된 공간에서 한 개가 성장하면 다른 것은 공간을 만들기 위해 축소되어야 합니다. 책을 더 많이 읽으면 사람들과의 만남은 줄어들 것입니다. 더 많은 사람들을 만나면 코드는 더 적게 작성할 것입니다. 더 많은 코드를 작성하면 사랑하는 사람과 만날 수 있는 시간은 줄어들 것입니다. 근본적인 트레이드오프는 벗어날 수 없습니다. 한정된 공간에서 *더 적게* 하지 않으면 *더 많아질* 수 없습니다.

단순히 더 많이 하는 분명한 결과에 집중하기보다 역관점을 취합니다. 여러분이 복잡성을 줄이면 더 적게 일하고도 더 많은 가치를 갖는 결과를 만들 수 있습니다. 사려깊은 최소주의는 개인의 생산성의 성배이고 여러분이 이후의 내용들을 보면서 깨닫게 될 것입니다. 이 책에서 제안하는 가치 있는 원칙들을 사용하고 올바른 방법으로 프로그래밍하면 더 적은 자원들로 더 많은 가치를 만들 수 있습니다.

더 많은 가치를 만들면 여러분은 더 높은 연봉을 받을 수 있습니다. 빌 게이츠의 유명한 말에서 그는 다음과 같이 말했습니다. "훌륭한 선반 작업자는 일반적인 선반 작업자의 몇 배의 임금을 받지만, 훌륭한 소프트웨어 개발자는 평균적인 소프트웨어 개발자에 비해 10,000배의 가치가 있습니다"

한 가지 이유는 위대한 소프트웨어 개발자는 고도로 레버리지된(leveraged) 활동을 하기 때문입니다. 올바른 방향으로 프로그래밍하면 수천 개의 일자리와 수백만의 업무 시간을 대체할 수 있습니다. 예를 들어 자율 주행에 관한 코드는 싸고, 더 믿을 수 있고(거의 틀림없이) 훨씬 안전하면서도 수백만 명의 운전기사들을 대체할 수 있습니다.

이 책의 대상 독자

여러분은 더 빠른 코드와 더 적은 고통으로 더 많은 가치를 만들고 싶은 프로그래머인가요? 버그를 찾느라 고통받아 본 적이 있나요? 코드가 복잡하여 압도된 적이 있나요? 다음에 어떤 것을 배워야 할지 수많은 프로그래밍 언어들(파이썬, 자바, C++, HTML, CSS, 자바스크립트)과 수 천 개의 프레임워크와 기술들(안드로이드 앱, 부트스트랩(Bootstrap), 텐서플로우(TensorFlow), 넘파이(NumPy))을 결정하는데 어려움을 겪었나요? 만약 그렇다면, 여러분은 지금 올바른 책을 고른 것입니다!

이 책은 생산성을 향상하고 더 적은 것으로 더 많은 것을 하고 싶은 모든 프로그래머를 위한 책입니다. 여러분은 단순함을 찾고 "더 적은 것으로 할 수 있는 일을 더 많은 것으로 하지 말 것"이라는 의미인 오컴의 면도날을 믿으시면 됩니다.

이 책의 구성

이 책은 여러분이 실무 프로그래머로서 아홉 가지의 원칙들을 적용하여 잠재력이 획기적으로 향상되는 방법을 보여줍니다. 이 원칙들은 인생을 단순하게 만들고 복잡성, 고생과 근무 시간을 줄여줄 것입니다. 이 원칙들이 새롭다고 주장하지는 않겠습니다. 그것들은 이미 다양하게 잘 알려져 있고 이미 인정받은 것들입니다. 가장 성공적인 프로그래머, 엔지니어, 철학자와 창조자들에게 증명되었습니다. 그것이 그들을 일등으로 만드는 원칙들입니다! 하지만 이 책에서는 특히 프로그래머들에게 그 원칙들을 적용하였고, 실세계의 예제들과 가능하다면 코드 예제도 첨부하였습니다.

1장은 생산성 측면에서 가치를 증가시키기 위한 도전 과제인 복잡성에 대해 배웁니다. 여러분의 인생과 코드에서 복잡성의 원천들을 식별하고, 복잡성이 어떻게 여러분의 생산성과 결과에 해를 가하는지 이해할 것입니다. 복잡성은 어디에나 있고 여러분은 꾸준히 그것을 경계해야 합니다. *단순하게 하고 유지해야 합니다!*

2장은 프로그래머로서 여러분의 삶에 80:20 원칙이 주는 심오한 영향력에 대해 배웁니다. 다수의 효과(80퍼센트)는 소수의 원인(20퍼센트)에서 나옵니다. 이것은 프로그래밍에서 어디에나 적용되는 주제입니다. 80:20 원칙은 프랙탈이라는 것을 배웁니다. 20퍼센트의 프로그래머들은 전체 소득의 80퍼센트를 올립니다. 다른 말로 4퍼센트의 세계적 프로그래머들은 소득의 64퍼센트를 법니다. 꾸준한 레버리지와 최적화를 계속해야 합니다!

3장에서 여러분은 최소 기능 제품을 만드는 법에 대해 배우며 이를 통해 여러분의 가정을 조기에 시험하고, 낭비를 최소화하고 빌드-측정-학습의 순환을 더 빠르게 하는 법을 배웁니다. 이 아이디어는 빠르게 피드백을 받아 여러분의 에너지와 관심을 어디에 집중해야 할지를 배우는 것입니다.

4장은 클린하고 단순한 코드를 작성하는 이점을 배웁니다. 많은 사람들이 직관적으로 가정하는 것과는 다르게 코드는 중앙 처리 장치(CPU) 사이클의 사용을 최소화하는 것보다 무엇보다도 가독성이 최대화되어야 합니다. 프로그래머의 집단적 시간과 노력은 CPU 사이클보다 희귀하며 이해하기 어려운 코드를 작성하면 조직과 집단적인 인간 지능의 효율성을 떨어뜨립니다.

5장에서는 성능 최적화의 개념적인 기본과 성급한 최적화의 위험에 대해 배웁니다. 컴퓨터 공학의 아버지 중 하나인 도날드 크누스에 따르면 "성급한 최적화는 모든 악의 근원입니다!" 여러분이 코드를 최적화할 필요가 있을 때 80:20 원칙을 사용하세요. 80퍼센트의 시간 동안 동작하는 20퍼센트의 함수들을 최적화합니다. 병목을 제거하세요. 나머지는 무시하세요. 그리고 반복합니다.

6장은 잠시 외도하여 미하이 칙센트미하이의 (글자 그대로)흥미진진한 단어인 몰입(flow)에 대해 배웁니다. 몰입의 상태는 순수한 집중의 상태로 생산성이 크게 향상되고 딥 워크(deep work)의 문화를 만드는데 도움이 됩니다. 딥 워크는 컴퓨터 공학 교수인 칼 뉴포트가 만든 개념이며 이 장에 그의 생각들을 빌려왔습니다.

7장은 *한 개의 일을 하고 그것을 잘한다*는 유닉스의 철학에 대해 배웁니다. 거대한 기능성을 갖는(잠재적으로 훨씬 효율적인) 모놀리식 커널을 갖기보다, 유닉스의 개발자들은 다수의 선택적 헬퍼 함수들을 갖는 작은 커널을 구현하는 것을 선택했습니다. 이것이 클린하고 (상대적으로) 단순함을 유지하면서 유닉스 생태계가 커가는데 도움이 되었습니다. 우리는 이 원칙들을 업무에 어떻게 적용할지 알아볼 것입니다.

8장은 최소주의 사고방식으로 이득을 볼 수 있는 컴퓨터 공학의 다른 활발한 영역인 디자인과 사용자 경험(UX)에 대해 배웁니다. 네이버 검색엔진과 구글 검색엔진, 블랙베리와 아이폰과 OkCupid와 틴더의 차이점에 대해 생각합니다. 가장 성공한 기술들은 흔히 급진적으로 단순한 사용자 인터페이스를 갖는데 그 이유는 디자인에서 적은 것이 더 많기 때문입니다.

9장은 집중의 힘을 다시 살펴보고 어떻게 다양한 영역에 적용하여 여러분의(프로그램의) 성과를 엄청나게 향상할지 배웁니다!

마지막으로 책의 내용을 정리하고 행동 가능한 다음 단계들을 제시하고, 세상을 단순하게 만드는 믿을만한 도구들과 함께 여러분을 복잡한 세상으로 풀어줍니다.

1

복잡성은 어떻게
생산성을 해치는가

이 장에서는 중요하지만 잘 연구되지 않은 주제인 복잡성[1](complexity)에 대해 폭넓고 깊게 살펴보겠습니다. 정확히 복잡성이란 무엇일까요? 어디에서 왔을까요? 그것은 어떻게 당신의 생산성을 떨어뜨릴까요? 복잡성은 린[2](lean)하고 효율적인 조직과 개인의 적이기 때문에 복잡성이 발견되는 모든 영역을 주의깊게 봐야하고 그것이 어떻게 형성되는지 알아야 합니다. 이 장은 복잡성이라는 문제에 대해 주목하고 남은 장들에서는 복잡함이 차지하고 있던 자원들을 해제하여 다시 쓰는 방향으로 복잡성을 제거하는 효과적인 방법들을 탐구할 것입니다.

---

1 **(역자 주)** 복잡성(complexity)은 이 책의 중요한 주제입니다. 앞으로 문맥에 따라 복잡함, 복잡성 등으로 번역합니다.

2 **(역자 주)** 린 사고방식의 핵심은 낭비를 줄이고 실제 고객과 접촉하는 빈도를 높이는 것을 의미한다.

복잡성이 어떻게 코딩 입문자들을 겁먹게 하는지 빠르게 알아봅시다.

- 새로운 프로그래밍 언어 선택하기
- 작업할 코딩 프로젝트 고르기. 수천의 오픈소스 프로젝트들과 수많은 문제들.
- 사용할 라이브러리 고르기. 예를 들면, 사이킷 런(scikit-learn) 또는 넘파이 (Numpy)와 텐서플로우(TensorFlow)
- 어떤 기술에 시간을 투자할지 결정하기. 예를 들어 알렉사 앱, 스마트폰 앱, 브라우저 기반의 웹앱, 통합된 페이스북 혹은 위챗 앱, 가상현실 앱 등
- 코딩 편집기를 고르기. 예를 들면 파이참(PyCharm), 파이썬 IDLE과 아톰 (Atom)

이러한 복잡함이 유발하는 커다란 혼돈으로 **"어떻게 시작해야 하지?"**가 프로그램을 시작하는 사람들에게 가장 공통적인 질문이라는 것은 크게 놀랍지 않습니다.

시작하는 가장 좋은 방법은 어떤 프로그래밍 책을 골라서 그 프로그래밍 언어의 모든 문법적인 기능들을 공부하는 것이 아닙니다. 많은 야심있는 학생들은 동기부여를 위해 프로그래밍 책을 사서 공부하는 것을 할 일 목록에 추가합니다. 만약 책을 사는데 돈을 썼다면 잘해야 그것을 좀 읽거나 아니면 그 투자는 손해 보게 될 것입니다. 그러나 우리에게 개발서적 읽기 말고도 해야 할 일도 많기 때문에 프로그래밍 책을 읽는 목표는 거의 완료하지 못합니다.

시작하기에 가장 좋은 방법은 실용적인 코딩 프로젝트(만약 초보자라면 단순한 것으로)를 골라 끝까지 마무리해보는 것입니다. 전체 프로젝트를 완료하기 전에는 코딩에 관한 책들을 읽거나 여기저기 웹에 떠도는 튜토리얼들을 읽지 마세요. 스택오버플로우(StackOverflow[3])에 있는 끝없는 질문과 답변들을 읽지 마세요. 단지 프로젝트를 준비하고 여러분이 가진 한정된 기술과 상식을 바탕으로 코딩을 시작해보세요. 필자의 학생 중 한 명은 서로 다른 자산 배분에 관한 수익률의 역사를 표시하는 금융 대시보드를 만들고 싶어했습니다. 예를 들면 "주식과 정부 채권을 50 대 50으로 포트폴리오를 구성했을 때 가장 낮은 수익률을 기록한 해는 언제일까?"와 같은 질문에 답하고자 했습니다. 처음에 그녀는 이 프로젝트를 어떻게 접근해야 할지 몰랐지만 곧 데이터 기반의 웹앱을 만들 수 있는 파이썬 대시(Python Dash)라는 프레임워크를 알게 되었습니다. 그녀는 서버를 설정하고 HTML과 CSS를 공부하며 진도를 나갔습니다. 이제 그녀의 앱은 서비스 중이고 올바른 자산 배분을 원하는 수천 명의 사람들을 돕

---

3 (역자 주) 스택오버플로우는 코딩에 관한 온갖 질문과 답변들을 제공합니다. 현직 프로그래머인 저도 실무할 때 자주 사용합니다.

고 있습니다. 그러나 더욱 중요한 것은 그녀가 파이썬 대시를 만든 개발팀에 합류하였고 심지어는 노 스타치 출판사[4]에서 파이썬 대시에 관한 책을 쓰고 있다는 것입니다[5]. 그녀는 이 모든 것을 단 일 년 만에 해냈습니다. 여러분도 할 수 있습니다. 여러분이 무엇을 하는지 이해하지 못해도 괜찮습니다. 여러분은 점점 이해의 폭을 늘려갈 것입니다. 오직 여러분 앞에 있는 프로젝트에 관련된 자료들만 읽으세요. 첫 번째 프로젝트를 완료하는 과정에서 여러분은 다음과 같은 수많은 문제들을 만나게 됩니다. 예를 들면,

어떤 코드 편집기를 써야 하지?

프로젝트를 위한 프로그래밍 언어는 어떻게 설치하지?

파일에서 입력을 어떻게 읽지?

프로그램의 입력을 나중을 위해 어떻게 저장하지?

원하는 출력을 위해 입력을 어떻게 조작하지?

이러한 질문들에 답변을 해가면서 여러분은 점점 다양한 기술들을 익히게 됩니다. 시간이 지나면서 이들 질문들에 더 쉽게 그리고 더 잘 답하게 됩니다. 훨씬 더 큰 문제들을 해결하고 프로그래밍 패턴과 개념적인 통찰력들을 포함하는 내적 데이터베이스를 축적합니다. 심지어 숙련된 프로그래머들도 같은 절차를 통해 배우고 발전합니다. 오직 코딩 프로젝트가 더 커지고 더 복잡해지는 것뿐입니다.

이러한 프로젝트 기반의 학습 방법으로 여러분은 계속 늘어가는 코드 기반에서 버그를 찾고 코드로 된 컴포넌트들을 이해하고 그들과 상호작용하고 다음에 구현할 올바른 기능들을 고르고 코드에 포함된 수학적이고 개념적인 기반들을 이해해가면서 복잡성과 싸우게 됩니다.

복잡성은 어디에나 존재하고 프로젝트의 모든 단계에 있습니다. 이러한 복잡성의 숨겨진 비용으로 인해 새로운 프로그래머들이 프로젝트를 포기하고 그 프로젝트는 세상의 빛을 보지 못합니다. 그렇다면 다음과 같이 질문해봅니다. 어떻게 복잡성의 문제를 해결할 수 있을까요?

정답은 단순함입니다. 단순함을 추구하고 코딩하는 모든 단계에 집중하세요. 만약 이 책에서 단 하나의 핵심 단어를 고른다면 그것은 단순함입니다. 여러분이 코딩하며 만나는 모든 영역에서 급진적으로 최소주의적인(minimalistic) 위치를 찾으세요.

---

4 (역자 주) 이 책의 원서 출판사입니다.

5 (역자 주) 〈The Book of Dash〉 https://nostarch.com/book-dash

이 책을 통해 우리는 다음과 같은 방법들을 모두 다룹니다.

- 일상의 잡동사니를 덜어냅니다. 더 적게 일하고 중요한 업무에 역량을 집중하세요. 예를 들어 10개의 새롭고 흥미로운 코딩 프로젝트를 병렬적으로 시작하는 대신 주의 깊게 한 개를 고르고 그 프로젝트를 완료하는데 모든 노력을 집중하세요. 2장에서는 80:20 법칙에 대해 자세히 배웁니다.
- 하나의 소프트웨어 프로젝트가 있다면 모든 불필요한 기능들을 제거하고 최소 기능 제품(the minimum viable product)을 집중적으로(3장) 완성하고 여러분의 가설을 빠르고 효율적으로 검증하세요.
- 여러분이 할 수 있는 단순하고 간결한 코드를 작성하세요. 4장에서는 이것을 달성하는 다양한 실용적인 팁들을 배웁니다.
- 성급한(premature) 최적화에 들이는 시간과 노력을 줄이세요. 불필요한 코드 최적화는 불필요하게 복잡성을 늘리는 주요 이유들 중 하나입니다.(5장)
- 코딩을 할 수 있는 큰 덩어리의 시간을 확보하여 교환 시간(switching time)을 줄이고 몰입(flow)의 상태를 추구하세요. 몰입[6]은 심리학 연구의 용어로 주의력, 집중력과 생산성을 높이는 마음의 상태를 의미합니다. 6장은 몰입의 상태로 가는 모든 것을 배웁니다.
- 코드의 기능들이 한 목적에만 집중한다는 유닉스 철학을 적용하세요.("한 개의 일을 잘하자") 7장에서는 파이썬 코드 예제를 통해 유닉스 철학에 관한 자세한 내용을 배웁니다.
- 디자인에 단순함을 적용하여 사용하기 쉽고 직관적이며 아름답고, 클린하고, 집중적인 사용자 인터페이스를 만듭니다.(8장)
- 여러분의 경력, 다음 코드 프로젝트, 일상적인 하루 혹은 전문 영역을 설계할 때 집중의 기술을 적용합니다.(9장)

여러분의 코딩 생산성의 가장 큰 적 중 하나인 복잡성에 대해 그 개념을 좀 더 깊게 알아봅시다.

---

6 (역자 주) 〈몰입의 즐거움〉이라는 책이 있습니다. 유명하고 좋은 책이니 꼭 읽어보세요.

복잡성은 무엇인가?

다른 영역에서 복잡성이라는 용어는 서로 다른 의미를 가지고 있습니다. 때때로 컴퓨터 공학에서는 입력을 다양하게 하여 주어진 코드 함수를 분석하는 방법으로 계산 복잡도(computational complexity)를 엄격하게 정의합니다. 다른 경우에는 시스템 컴포넌트들 사이의 상호 작용의 양 또는 구조로써 느슨하게 정의합니다. 이 책에서는 좀 더 범용적으로 다음과 같이 사용합니다.

> **복잡성(Complexity):** 부분들로 이루어진 전체에 대해 그것을 분석하고 이해하거나 설명하기 어려운 정도.

복잡성은 전체 시스템 혹은 엔티티(entity)를 대상으로 합니다. 복잡한 시스템은 설명하기 어렵기 때문에 복잡성은 투쟁과 혼란을 유발합니다. 현실에 있는 시스템은 복잡하기 때문에 복잡성은 어디에나 발견할 수 있습니다. 예를 들면 주식 시장, 소셜 트렌드, 부상하는 정치적 관점과 수십만 라인의 코드로 이루어진 거대한 컴퓨터 프로그램인 윈도우즈 운영체제 등입니다.

여러분이 프로그래머라면 이 장에서 다루는 다음과 같은 서로 다른 복잡성의 원천들로 인해 특히 더 압도될 수 있습니다.

프로젝트 생명주기의 복잡성

소프트웨어와 알고리즘 이론의 복잡성

학습의 복잡성

프로세스들의 복잡성

소셜 네트워크들의 복잡성

여러분의 일상에 있는 복잡성

프로젝트 생명주기의 복잡성

계획(planning), 정의(defining), 설계(designing), 구현(building), 테스팅(testing)과 배포(deployment)와 같은 프로젝트 생명주기의 서로 다른 단계를 알아봅니다.(그림 1-1)

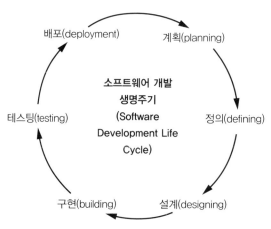

그림 1-1. **소프트웨어 공학을 위한 IEEE 공식 표준을 따르는 소프트웨어 프로젝트의 개념적인 여섯 단계**

만약 여러분이 매우 작은 소프트웨어 프로젝트에 작업한다고 해도 소프트웨어 개발 생명주기의 여섯 단계를 따르게 됩니다. 모든 단계를 반드시 한 번만 거친다고는 생각하지는 마세요. 현대적 소프트웨어 개발에서는 반복적인 접근법이 일반적으로 더 선호되며 각 단계를 여러 번 반복하게 됩니다. 다음은 복잡성이 어떻게 각 단계에 중대한 영향을 미치는지 알아봅니다.

계획

소프트웨어 개발 생명주기의 첫 번째 단계는 계획 단계로 종종 공학 문헌에서는 요구사항 분석(Requirement analysis)라고 부릅니다. 이 단계의 목적은 제품이 어떻게 생겼는지 결정하는 것입니다. 성공적인 계획 단계는 최종 사용자에게 전달될 필수 기능들을 엄격하게 정의합니다.

여러분이 사이드 프로젝트로 혼자 작업하던 아니면 다수의 소프트웨어 개발 팀들의 협업을 조율하고 관리하는 역할을 맡던 여러분은 소프트웨어의 최적 기능 집합을 선별해야 합니다. 예를 들면 기능을 구현하는 비용, 최종 사용자에 대한 기대 가치, 마케팅과 영업에 관한 시사점, 유지보수성, 확장성과 법적 제한 등과 같은 수많은 요소들을 함께 고려해야 합니다.

이 단계는 이후에 낭비하게 될 수많은 양의 에너지를 절약할 수 있기 때문에 매우 중요합니다. 계획의 실수는 수백만 달러의 자원 낭비로 이어질 수 있습니다. 한편 주의 깊은 계획은 이후 비즈니스의 성공으로 이어질 수 있습니다. 계획 단계는 2장에서 배울 80:20 사고법이라는 새로운 기술을 적용할 좋은 시간입니다.

계획 단계는 또한 수반되는 복잡성으로 인해 잘하기 매우 어렵습니다. 예를 들면 사전에 리스크 속성을 평가하기, 회사 혹은 조직의 전략적인 방향을 예측하기, 고객의 반응을 예상하기, 서로 다른 기능 후보들의 효과를 저울질하기와 주어진 소프트웨어 기능의 법적 시사점을 결정하기 등과 같은 여러 고려사항들로 인해 복잡성이 증가합니다. 단순히 이러한 것들이 형성하는 다차원적인 문제들을 해결하는 복잡성만으로도 머리가 지끈거릴 수 있습니다.

정의

정의 단계는 계획 단계의 결과를 소프트웨어 요구사항으로 번역하는 단계입니다. 다른 말로 이전 단계의 산출물을 조직하여 나중에 이 제품을 사용하게 될 고객 혹은 최종 사용자들에게 승인을 얻거나 피드백을 받게 됩니다.

만약 계획하고 프로젝트 요구사항을 이해하는데 오랜 시간이 걸렸지만 고객들과 의사소통하는데 실패했다면 이는 나중에 중대한 문제와 어려움으로 이어집니다. 프로젝트를 돕는 잘못 정의된 요구사항은 프로젝트를 돕지 않는 잘 정의된 요구사항만큼이나 해롭습니다. 효과적인 의사소통과 정확한 명세는 모호함과 오해를 피하는데 매우 중요합니다. 모든 인간의 의사소통에서 어떤 메시지를 상대방에게 전달하려면 매우 복잡한 노력을 요구하는 데 그 이유는 "지식의 저주[7]"와 개인적인 경험에 과중한 연관성을 부여하는 다른 심리학적 편향들 때문입니다. 만약 여러분이 머릿속에 있는 어떤 아이디어 혹은 중요한 요구사항들을 다른 사람에게 전달하려고 한다면 주의해야 합니다. 복잡성이 곧 따라가니까요!

설계

설계 단계의 목표는 시스템 아키텍처의 초안을 잡고 정의된 기능성을 제공하는 모듈과 컴포넌트를 결정하고 사용자 인터페이스를 설계합니다. 이전 두 단계에서 개발된 요구사항들을 준수하는 것이 중요합니다. 설계 단계의 최적 기준은 최종 소프트웨어 제품이 어떠한 모습이고 어떻게 구현되어야 하는지에 대한 명확하고 분명한 그림을 그리는 것입니다. 여기에는 모든 소프트웨어 공학의 방법을 동원합니다. 애자일 접근법은 단지 이들 단계들을 더 빠르게 반복합니다.

그러나 중요한 것은 정작 눈에 띄지 않습니다! 위대한 시스템 설계자는 시스템을 구현하는데 필요한 수많은 종류의 소프트웨어 도구들에 대해 장점과 단점들을 알고 있어야 합니다. 예를 들어 어떤 라이브러리들은 프로그래머가 사용하기는 쉽지만 실행

---

7 (역자 주) 지식의 저주란 어떤 개인이 다른 사람들과 의사소통을 할 때 다른 사람도 이해할 수 있는 배경을 가지고 있다고 자신도 모르게 추측하여 발생하는 인식적 편견이다. 예를 들어, 수업 중에 교사들은 자기를 학생들의 입장에 둘 수 없기 때문에 초보자들을 가르치는데 어려움을 가지게 된다.

속도가 느릴 수 있습니다. 사용자 정의 라이브러리를 제작하는 것은 프로그래머에게 힘들 수 있지만 실행 속도가 더 빠르거나 결과적으로 최종 소프트웨어 제품의 사용성을 개선할 수 있습니다. 설계 단계는 이러한 변수들을 해결하여 비용 대비 이익 비율이 최대화되어야 합니다.

구현

구현 단계는 많은 개발자들이 모든 시간을 쓰고 싶어 하는 단계입니다. 이때는 아키텍처 초안이 실제 소프트웨어 제품으로 만들어집니다. 여러분의 아이디어가 유형의 결과로 탄생합니다.

이전 단계의 적절한 준비사항을 통해 많은 복잡성이 제거되었습니다. 이상적으로 개발자는 가능한 모든 기능들 중에 실제로 어느 기능들을 구현할지, 기능들은 어떤 모습일지와 어느 도구를 사용하여 구현할지를 알고 있어야 합니다. 외부 라이브러리들의 버그들, 성능 이슈들, 오염된 데이터와 인간에 의한 실수와 같은 예상치 못한 사항들이 진도를 느리게 합니다. 소프트웨어 제품을 구현하는 것은 고도로 복잡한 노력을 요합니다. 작은 철자 실수가 전체 소프트웨어 제품의 성공 가능성을 약화시킬 수 있습니다.

테스팅

축하합니다. 현재 단계에 여러분은 모든 요구 기능들을 구현하였고 프로그램이 동작하고 있습니다. 하지만 아직 다 한 것이 아닙니다. 여전히 여러분은 서로 다른 사용자 입력과 사용 패턴에 따라 다양한 방식으로 여러분의 소프트웨어 제품의 동작들을 시험해야 합니다. 이 단계는 보통 모든 단계 중 가장 중요합니다. 너무나 중요해서 많은 실무자는 이제 테스트 주도 개발(test-driven development, 이하 TDD)의 사용을 지지합니다. TDD는 구현 단계에서 모든 테스트 코드를 작성하기 전에는 구현을 시작하지도 않습니다. 빨리 결과를 내야하는 관점에서 반대할 수도 있지만 일반적으로 테스트 케이스들(test cases)을 만들고 이들 테스트 케이스에 대해 소프트웨어가 올바른 결과를 반환하는지 검사하는데 시간을 투자하는 것은 좋은 생각입니다.

예를 들어 여러분이 자율 주행 차량을 구현합니다. 여러분은 단위 테스트(unit tests)를 작성하여 여러분의 코드에 있는 각 작은 함수(단위라고 부름)가 주어진 입력에 대해 기대하는 출력을 생성하는지 검사해야 합니다. 단위 테스트는 특정(극한) 입력에 대해 비정상적으로 동작하는 오류 함수들을 알아낼 수 있습니다. 예를 들어 다음은 이미지에 있는 적색, 녹색, 청색(RGB) 색상의 값의 평균을 구하는 파이썬 함수 스텁입니다. 이 코드는 아마도 입력되는 이미지의 색상 정보로부터 어떤 도시 혹은 숲을 여행을 하고 있는지 판단하는데 쓰일 수 있습니다.

```
def average_rgb(pixels):
    r= [x[0] for x in pixels]
    g= [x[1] for x in pixels]
    b= [x[2] for x in pixels]
    n= len(r)
    return (sum(r)/n, sum(g)/n, sum(b)/n)
```

코드를 살펴보면, 다음의 픽셀(pixel) 리스트는 적색, 녹색, 청색의 평균값으로 각각 96.0, 64.0, 11.0을 출력합니다.

```
print(average_rgb([(0,0,0),
                   (256, 128, 0),
                   (32, 64, 33)]))
```

출력은 다음과 같습니다.

```
(96.0, 64.0, 11.0)
```

이 함수는 꽤 단순해 보이지만 실무에서는 많은 문제점들을 내포하고 있습니다. 만약 튜플의 픽셀 리스트가 손상되어 어떤 RGB 튜플의 세 요소 중에 두 개만 있으면 어떻게 될까요? 만약 한 개의 값이 정수형 타입이 아니라면? 만약 모든 부동 소수점 계산에 내재된 부동 소수점 오류를 피하기 위해 결과가 실수형이 아니라 정수형의 튜플이어야 한다면?

단위 테스트는 이러한 모든 조건들을 검사하여 고립된 환경에서 함수가 정상 동작하고 있음을 확실히 할 수 있습니다.

다음은 두 개의 단순한 단위 테스트들로 하나는 함수가 경계 조건으로 입력에 모두 0 값이 들어왔을 때 정상 동작하는지를 검사하고 나머지 하나는 함수가 정수형 튜플을 반환하는지 검사합니다.

```
def unit_test_avg():
    print('Test average...')
    print(average_rgb([(0, 0, 0)]) == average_rgb([(0, 0, 0), (0, 0, 0)]))

def unit_test_type():
    print('Test type...')
    for i in range(3):
        print(type(average_rgb([(1, 2, 3), (4, 5, 6)]))[i] == int)

unit_test_avg()
unit_test_type()
```

결과 내용을 살펴보면 타입 검사는 실패하였고 올바른 정수형의 튜플을 반환하지 않았습니다.

```
Test average...
True
Test type...
False
False
False
```

좀 더 현실적인 설정으로 테스터는 모든 타입의 입력에 대해 함수를 시험하기 위해 수백 개의 단위 테스트들을 작성하여 기대하는 출력이 나오는지 확인할 수 있습니다. 단위 테스트를 통해 함수가 정상 동작하는지 확인한 후에야 응용 프로그램의 수준 높은 기능들을 시험하러 갈 수 있습니다.

사실 모든 단위 테스트가 성공적으로 통과하여도 아직 테스팅 단계가 완료된 것이 아닙니다. 좀 더 큰 전체를 만들어가면서 각 단위들의 올바른 상호작용을 시험해야 합니다. 실생활에서 운전 테스트를 설계해야 한다면 낯설거나 미처 예상하지 못한 상황에서 차를 몰고 수천 수만 마일을 운행하여 여러 가지 동작 패턴들을 발견해야 합니다. 여러분의 차가 도로 표지판이 없는 작은 도로를 운행하면 어떻게 될까요? 만약 앞에 있는 차가 갑자기 멈춘다면? 다수의 차량이 교차로에서 서로를 기다린다면? 운전사가 갑자기 다가오는 차량들로 방향을 튼다면?

고려해야 할 수많은 테스트들이 존재합니다. 복잡성이 너무 높아서 많은 사람들은 여기에서 포기합니다. 이론적으로는 좋아 보이는 것들이, 비록 첫 번째 구현이 끝난 이후라도, 단위 테스트 혹은 현실의 사용성 테스트와 같은 다른 수준의 소프트웨어 테스팅을 적용하면 실제로 실패하기도 합니다.

배포

소프트웨어는 이제 엄격한 테스팅 단계를 통과하였습니다. 남은 단계는 배포할 시간입니다. 배포는 다양한 형태로 이루어집니다. 앱은 마켓에 출시하고 패키지 소프트웨어는 저장소에 출시하고 주요한(혹은 마이너한) 릴리즈는 대중에 공개됩니다. 소프트웨어 개발에 있어 좀 더 반복적이고 애자일한 접근법의 경우 지속적 배포(*Continuous deployment*)를 사용하여 배포 단계를 여러 번 방문하게 됩니다. 여러분이 맡은 프로젝트에 따라 이 단계에서는 제품을 출시하고 마케팅 캠페인을 만들고 제품의 초기 사용들과 대화하고 배포 후에 사용자들에게 반드시 드러나게 되는 새로운 버그들을 고치고 서로 다른 운영 시스템을 위해 소프트웨어의 배포를 조율하고 다른 종류의 문제점들을 지원하고 해결하거나 시간이 흐르면서 코드 기반을 유지보수하고 적응하게 될 것입니다. 이전 단계에서 여러분이 만들고 구현한 다양한 설계적 선택으로 만들어진 복잡성과 상호의존성으로 인해 이 단계는 꽤 지저분해집니다. 이어지는 장에서는 이러한 엉망인 상태를 극복하는 전술들을 제안합니다.

소프트웨어와 알고리즘 이론의 복잡성

소프트웨어 개발 절차에 포함된 복잡성만큼 어떤 한 조각의 소프트웨어에도 많은 복잡성이 존재합니다. 소프트웨어 공학의 많은 지표들은 정규적인 방식으로 소프트웨어의 복잡성을 측정합니다.

먼저 서로 다른 알고리즘들의 자원 요구사항에 관한 알고리즘의 복잡도(*algorithmic complexity*)를 보겠습니다. 알고리즘의 복잡도를 사용하면 동일한 문제를 해결하는 다른 알고리즘들을 비교할 수 있습니다. 예를 들어 게이머의 고득점을 표시하는 기능을 포함하는 게임 앱을 구현합니다. 여러분은 최고 득점을 한 플레이어를 목록의 최상단에 올리고 최저점의 플레이어는 바닥에 표시하길 원합니다. 다르게 설명하자면, 여러분은 목록을 정렬하고 싶습니다. 리스트를 정렬하는 데는 수천 가지의 알고리즘들이 존재하며 리스트를 정렬하는 것은 100명을 정렬하는 것보다 1,000,000명을 정렬하는 것이 계산적으로 훨씬 부담이 큽니다. 어떤 알고리즘은 리스트 입력이 늘어날 때 확장성이 좋지만 다른 알고리즘들은 확장성이 떨어집니다. 여러분의 앱이 수백 명의 사용자를 처리한다면 어떤 알고리즘을 선택하든 문제가 없지만 사용자 기반이 성장하면서 리스트의 실행시간 복잡도는 기하급수적으로 늘어날 수 있습니다. 곧 사용자는 리스트가 정렬되기까지 점점 더 오래 기다려야 합니다. 고객들은 불평하기 시작하고 여러분은 이제 더 나은 알고리즘을 원할 것입니다.

그림 1-2는 도식적으로 두 알고리즘의 복잡도를 표시합니다. x축은 정렬할 리스트의 크기입니다. y축은 알고리즘의 실행 시간(시간 단위)입니다. 알고리즘1은 알고리즘2 보다 훨씬 느립니다. 사실 알고리즘1의 비효율성은 리스트의 더 많은 요소들을 정렬 해야 할 때 훨씬 두드러집니다. 알고리즘1을 사용하면 여러분의 게임 앱은 사용자가 증가하면서 더욱 느려질 것입니다.

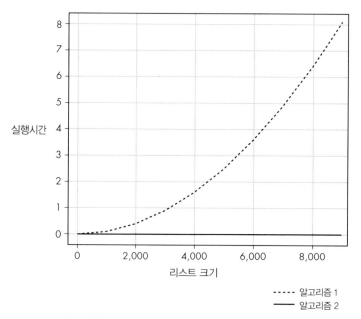

그림 1-2. **서로 다른 두 개의 정렬 알고리즘의 복잡도**

이것이 실제 파이썬 정렬 루틴에 어떻게 적용되는지 봅시다. 그림 1-3은 3개의 유명한 정렬 알고리즘인 버블 정렬, 퀵 정렬과 팀 정렬(Timsort)을 비교합니다. 버블 정렬은 알고리즘의 복잡도가 가장 높습니다. 퀵과 팀 정렬은 동일하게 점근적인 알고리즘 복잡도를 가집니다. 하지만 팀 정렬은 여전히 훨씬 **빠릅니다**. 이것이 파이썬의 기본 정렬 루틴으로 채택된 이유입니다. 버블 정렬 알고리즘의 실행 시간은 리스트의 크기가 성장하면 실행 시간이 폭발합니다.

그림 1-4에서 우리는 이 실험을 퀵 정렬과 팀 정렬에만 반복합니다. 다시 알고리즘의 복잡도에서 급격한 차이가 있습니다. 팀 정렬은 확장성이 좋고 리스트의 크기가 늘어날 때 더 **빠릅니다**. 이제 우리는 파이썬의 내장 정렬 알고리즘이 오랫동안 변하지 않았던 이유를 알 수 있습니다.

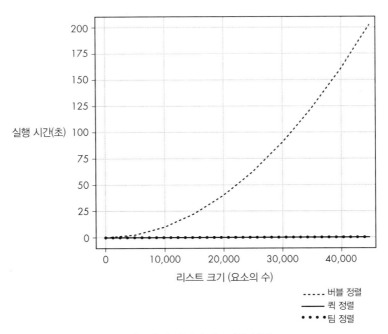

그림 1-3. **버블 정렬, 퀵 정렬과 팀 정렬의 알고리즘 복잡도**

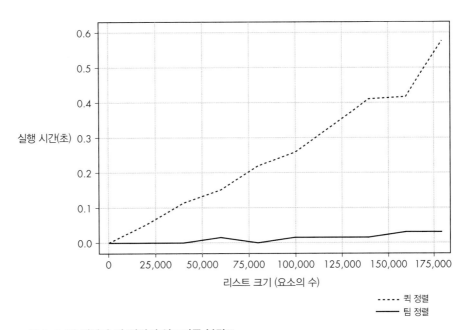

그림 1-4. **퀵 정렬과 팀 정렬의 알고리즘 복잡도**

코드 1-1은 실험을 재현하는 파이썬 예제 코드입니다. n 값이 커지면 종료될 때까지 오랜 시간이 걸릴 수 있기 때문에 n 값은 작은 값으로 설정하시기 바랍니다.

```python
import matplotlib.pyplot as plt
import math
import time
import random


def bubblesort(l):
    # 소스: https://blog.finxter.com/daily-python-puzzle-bubble-sort/
    lst = l[:]   # 복사본으로 작업하며 원본을 변경하지 않음.
    for passesLeft in range(len(lst)-1, 0, -1):
        for i in range(passesLeft):
            if lst[i] > lst[i + 1]:
                lst[i], lst[i + 1] = lst[i + 1], lst[i]
    return lst


def qsort(lst):
    # 설명: https://blog.finxter.com/python-one-line-quicksort/
    q = lambda lst: q([x for x in lst[1:] if x <= lst[0]]) \
                    + [lst[0]] \
                    + q([x for x in lst if x > lst[0]]) if lst else []
    return q(lst)


def timsort(l):
    # 팀 정렬은 내부적으로 sorted()를 사용
    return sorted(l)


def create_random_list(n):
    return random.sample(range(n), n)


n = 50000
xs = list(range(1, n, n//10))
y_bubble = []
y_qsort = []
y_tim = []

for x in xs:
    # 리스트를 생성
    lst = create_random_list(x)

    # 버블 정렬 시간 측정
    start = time.time()
    bubblesort(lst)
    y_bubble.append(time.time()-start)

    # 퀵 정렬 시간 측정
    start = time.time()
    qsort(lst)
    y_qsort.append(time.time()-start)
```

```
# 팀 정렬 시간 측정
start = time.time()
timsort(lst)
y_tim.append(time.time()-start)

plt.plot(xs, y_bubble, '-x', label='Bubblesort')
plt.plot(xs, y_qsort, '-o', label='Quicksort')
plt.plot(xs, y_tim, '--.', label='Timsort')
plt.grid()
plt.xlabel('List Size (No. Elements)')
plt.ylabel('Runtime (s)')
plt.legend()
plt.savefig('alg_complexity_new.pdf')
plt.savefig('alg_complexity_new.jpg')
plt.show()
```

코드 1-1. 세 개의 인기있는 정렬 알고리즘에 대한 실행시간 측정

알고리즘의 복잡도는 엄격한 연구 영역입니다. 필자 생각은 이 분야에서 만들어진 발전된 알고리즘은 인류의 가장 귀중한 기술 자산 중 하나로 같은 문제들을 점점 더 적은 리소스로 해결할 수 있게 합니다. 우리는 확실히 거인들의 어깨 위에 서 있습니다.[8]

알고리즘 복잡도에 더하여 우리는 순환 복잡도(*cyclomatic complexity*)라는 개념으로 코드의 복잡도를 측정할 수 있습니다. 이 지표는 1976년에 토마스 맥카베(Thomas McCabe)에 의해 개발되었고 여러분의 코드의 선형적으로 독립적인 경로(*linearly independent paths*)의 수 혹은 다른 경로에는 존재하지 않는 적어도 한 개 이상의 엣지(edge)를 갖는 경로의 수를 의미합니다. 예를 들어 if문은 두 개의 독립적인 경로를 가지기 때문에 if문과 같은 분기가 없는 평평(flat)한 코드에 비해 순환 복잡도가 높습니다. 그림 1-5는 사용자 입력과 출력을 처리하는 두 개의 파이썬 프로그램의 순환 복잡도를 보여줍니다. 첫 번째 프로그램은 오직 하나의 조건 분기를 가지며 길이 갈라지는 것으로 생각하면 됩니다. 둘 중 하나의 분기를 선택하게 되며 둘 다는 아닙니다. 따라서 두 개의 선형적으로 독립적인 경로가 존재하기 때문에 순환 복잡도는 2입니다. 두 번째 프로그램은 두 개의 조건 분기문을 포함하며 총 3개의 선형적으로 독립된 경로가 존재하기 때문에 순환 복잡도는 3이 됩니다. 추가되는 각 if문이 순환 복잡도를 증가시킵니다.

---

8 (역자 주) "내가 더 멀리 보았다면 이는 거인들의 어깨 위에 서 있었기 때문이다."는 아이작 뉴턴의 유명한 문장입니다.

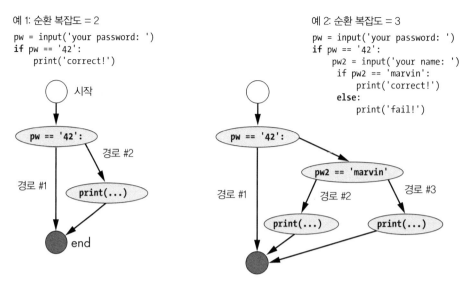

```
예 1: 순환 복잡도 = 2
pw = input('your password: ')
if pw == '42':
    print('correct!')
```

```
예 2: 순환 복잡도 = 3
pw = input('your password: ')
if pw == '42':
    pw2 = input('your name: ')
    if pw2 == 'marvin':
        print('correct!')
    else:
        print('fail!')
```

그림 1-5. **두 파이썬 프로그램들의 순환 복잡도**

주어진 코드 기반이 얼마나 이해하기 어려운지 알려주는 인지적 복잡도(*cognitive com-plexitiy*)는 측정하기 어렵습니다. 순환 복잡도는 인지적 복잡도를 대리하는 단단한 지표입니다. 하지만 순환 복잡도는 단일 for 루프에 비해 다중으로 중첩된 for 루프를 분석할 때 발생하는 인지적 복잡도는 무시하게 됩니다. 이것이 NPath 복잡도와 같은 다른 측정법으로 순환 복잡도가 개선된 이유입니다. 요약하면 코드의 복잡성은 알고리즘 이론의 중요한 주제일 뿐만 아니라 코드를 구현하고 이해하기 쉽고, 읽기 쉽고 강력한 코드를 작성하는 등의 실용적인 주제와도 관련이 있습니다. 알고리즘 이론과 프로그램의 복잡도는 수십 년간 연구되어 왔습니다. 이러한 노력들의 주요한 목적은 *계산적인 혹은 계산적이지 않는 복잡도를 줄여서* 사람과 기계가 똑같이 생산성과 자원의 활용에 미치는 피해를 최소화하기 위함입니다.

학습의 복잡성

사실(fact)은 고립되어 홀로 존재하는 것이 아니라 서로 연관되어 있습니다. 다음의 두 사실을 보세요.

- 월트 디즈니(Walt Disney)는 1901년에 태어났습니다.
- 루이 암스트롱(Lous Armstrong)은 1901년에 태어났습니다.

만약 여러분이 이러한 사실에서 프로그램을 작성한다면 "월트 디즈니는 몇 년도에 태어났지?" 뿐만 아니라 "1901년에는 누가 태어났지?"와 같은 질문들을 하게 될 것입니다. 후자에 대답하기 위해서 프로그램은 사실들 사이의 상호 의존성을 이해해야 합니다. 다음과 같은 정보 모델을 만들 수 있습니다.

```
(Walt Disney, born, 1901)
(Louis Armstrong, born, 1901)
```

1901년도에 태어난 모든 사람들을 얻기 위해 (*, born, 1901) 혹은 사실들을 연관지어 함께 그룹핑을 하는 질의문을 사용할 수 있습니다.

2012년에 구글은 검색 결과 페이지에 정보 상자를 보여주는 새로운 검색 기능을 출시했습니다. 이들 사실 기반의 정보 상자는 지식 그래프(*knowledge graph*)라고 부르는 자료구조를 사용하여 표시됩니다. 지식 그래프는 수십억 개의 상호 연관된 사실들로 조직된 대규모 데이터베이스를 네트워크와 같은 구조에 담긴 정보로 표시합니다. 객관적이고 독립적인 사실을 저장하는 대신 이 데이터베이스는 서로 다른 사실과 정보의 다른 조각들 사이에 존재하는 상호 연관성에 관한 정보를 유지합니다. 구글 검색 엔진은 이 지식 그래프를 사용하여 검색 결과를 더 높은 수준의 지식으로 풍부하게 하여 자동으로 답변을 구성합니다.

그림 1-6은 지식 그래프의 예를 보여줍니다. 지식 그래프의 한 노드는 유명한 컴퓨터 과학자인 앨런 튜링(Alan Turing)에 관한 것입니다. 지식 그래프에서 Alan Turing 이라는 개념은 그의 출생 연도(1912), 그의 연구 분야(컴퓨터 과학, 철학, 언어학)와 그의 박사과정 지도 교수(알론조 처치; Alonzo Church)와 연결됩니다. 이들 정보의 조각들은 또한 다른 사실(알론조 처치의 연구 분야도 컴퓨터 과학이었음)과 연결되어 상호 연관된 사실들의 거대한 네트워크를 형성합니다. 여러분은 이 네트워크를 사용하여 새로운 정보를 얻고 사용자 질의를 프로그램으로 답변할 수 있습니다. "앨런 튜링의 박사 지도 교수의 연구 분야"와 같은 질의는 "컴퓨터 과학"이라는 답변으로 추론될 수 있습니다. 이것이 사소하거나 분명한 것으로 들릴 수도 있지만 이와 같이 새로운 흥밋거리를 생성하는 능력은 정보 검색과 검색 엔진의 적합성에 대한 돌파구로 이어집니다. 여러분은 서로 관련이 없는 사실들을 기억하는 것보다 연관지어 학습하는 것이 더 효과적이라는 것에 동의할 것입니다.

다음 그래프에서 튜플들이 어떻게 표현되는지 한 눈에 확인할 수 있습니다.

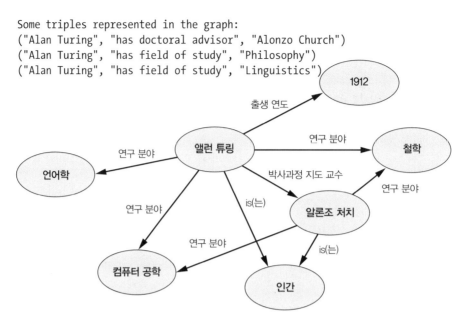

```
Some triples represented in the graph:
("Alan Turing", "has doctoral advisor", "Alonzo Church")
("Alan Turing", "has field of study", "Philosophy")
("Alan Turing", "has field of study", "Linguistics")
```

그림 1-6. **지식 그래프의 표현**

학습의 모든 분야는 오직 그래프의 일부분에만 집중하며 각각은 다수의 상호 연관된 사실들로 이루어집니다. 여러분은 오직 연관된 사실을 고려함으로써 특정 분야를 이해할 수 있습니다. 앨런 튜링을 완전히 이해하기 위해서 여러분은 그의 신념, 그의 철학과 그의 박사과정 지도 교수의 특징들도 조사해야 합니다. 처치를 이해하기 위해서 여러분은 튜링과의 관계를 조사해야 합니다. 물론 모든 것을 이해하기 위해서는 너무나 많은 관련된 의존성과 사실들이 존재합니다. 이러한 상호 의존성의 복잡성은 학습에 대한 여러분의 야망에 가장 근본적인 한계를 형성합니다. 학습과 복잡성은 같은 동전의 양면입니다. 복잡성은 여러분이 이미 알고 있는 지식의 경계입니다. 더 많은 것을 배우려면 먼저 복잡성을 통제하는 방법을 알아야 합니다.

지금까지 추상적으로 배웠으니 이제 예를 들어보겠습니다. 여러분이 정교한 규칙들에 따라 자산을 사고파는 트레이딩 봇을 프로그래밍하고 싶다고 가정합니다. 여러분은 프로젝트를 시작하기 전에 많은 것들을 배울 수 있습니다. 프로그램의 기초, 분산 시스템, 데이터베이스, 애플리케이션 프로그래밍 인터페이스들, 웹 서비스, 머신러닝, 데이터 사이언스와 그 연관 수학 등이 있습니다. 또한 파이썬, 넘파이, 사이킷런, ccxt(Crypto Currency eXchange Trading), 텐서플로와 플라스크(Flask)와 같은 실용적인 도구들을 학습할 수도 있습니다. 많은 사람들이 그러한 마인드셋으로 많은 문제점에 접근하고 결국 본인은 프로젝트를 시작하기에는 준비되지 않았다고 느낍니다. 문제점은 여러분이 더 많이 학습할수록 지식은 더 부족하다고 느낀다는 점입니다. 모든 분야에서 기술적으로 충분히 준비되었다고 느끼고 싶은 여러분의 바람은 결코 이루어질 수 없습니다. 모든 노력에 드는 복잡성에 압도 당하면 복잡성의 희생양으로서 여러분은 모든 것을 포기하게 될 것입니다.

운이 좋게도 이 책의 나머지 장들에서 여러분은 복잡성과 싸우는 기술들을 배우게 됩니다. 집중, 단순화, 크기 축소, 제거와 최소주의(minimalism)입니다. 앞으로 여러분은 이러한 기술들을 배우게 될 것입니다.

프로세스의 복잡성

프로세스(*process*)는 정의된 결과를 실현하려는 목표에 필요한 일련의 행동들입니다. 프로세스의 복잡성은 행동의 수, 구성원들 혹은 분기들에 의해 계산됩니다. 일반적으로 행동과 구성원이 늘어날수록 프로세스는 더 복잡해집니다 (그림 1-7)

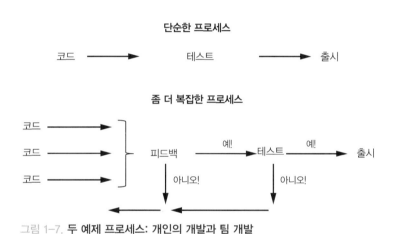

그림 1-7. **두 예제 프로세스: 개인의 개발과 팀 개발**

많은 소프트웨어 회사는 프로세스를 단순화하려는 노력으로 비즈니스의 다른 측면을 위한 프로세스 모델을 따릅니다. 여기 몇 개의 예가 있습니다.

소프트웨어 개발은 애자일 개발·혹은 스크럼을 사용합니다.

고객 관계 개발은 고객 관계 관리(**CRM**)와 세일즈 스크립트들을 사용합니다.

새로운 제품과 비즈니스 모델 생성은 비즈니스 모델 캔버스를 사용합니다.

조직에 너무나 많은 프로세스들이 쌓이면 복잡성이 시스템을 막기 시작합니다. 예를 들어 콜택시 앱인 우버가 출시하기 전에는 A 지역에서 B 지역으로 여행하는 프로세스에는 택시 회사의 전화번호 찾기, 요율 비교하기, 결제 선택사항 준비하기와 교통의 다른 모드를 계획하기 등 다수의 절차가 존재했습니다.

많은 사람들에게 우버는 A 지역에서 B 지역으로의 여행 프로세스를 간소화하여 전체 계획 프로세스를 사용하기 쉬운 모바일 앱으로 통합하였습니다. 우버가 만들어낸 급진적인 단순화로 고객은 여행이 좀 더 편리해지고 전통적인 택시 산업과 비교하여 여행 계획에 필요한 시간과 비용도 줄었습니다.

과도하게 복잡한 기업에서 혁신은 변화를 위한 더 적은 수단들을 찾습니다. 왜냐하면 복잡하면 변화할 수 없기 때문입니다. 프로세스가 중복되면 프로세스안에 있는 행동으로 자원이 낭비됩니다. 고통받는 비즈니스를 해결하기 위해 관리자는 새로운 프로세스와 행동들을 더 만들게 되고 이러한 악순환은 비즈니스와 조직을 파괴합니다.

복잡성은 효율성의 적입니다. 여기에서 해결책은 최소주의입니다. 프로세스들을 효율적으로 유지하기 위해 여러분은 근본적으로 불필요한 절차와 행동들을 솎아내야 합니다. 여러분의 프로세스들이 과도하게 단순화되었다고 느끼게 될 확률은 낮습니다.

일상 속에 복잡성 혹은 서서히 죽어가는 복잡성

이 책의 목적은 프로그래밍 활동의 생산성을 늘리는 것입니다. 여러분의 진도는 여러분의 개인적이고 일상적인 습관에 의해 방해 받습니다. 여러분은 일상의 산만함을 다잡고 지속적으로 가치있는 시간을 추구해야 합니다. 컴퓨터 과학 교수인 칼 뉴포트(Cal Newport)의 탁월한 책인 <딥 워크: 강렬한 몰입, 최고의 성과>(민음사, 2017)에서 이에 관해 설명합니다. 그는 프로그래밍, 연구, 의학과 집필과 같은 깊은 사고를 요구하는 일에 대한 수요가 늘고 커뮤니케이션 기기와 엔터테인먼트 시스템의 확산으로 시간의 공급은 줄어든다고 합니다. 증가하는 수요와 줄어드는 공급이 만난다면 경제 이론에서는 가격이 상승하게 됩니다. 만약 딥 워크(Deep Work)에 몰입할 수 있다면 여러분의 경제적 가치는 증가하게 됩니다. 딥 워크에 몰입할 수 있는 프로그래머들에게는 가치있는 시간이 될 것입니다.

한 가지 경고를 하자면 여러분이 강제로 우선순위를 매기지 않는다면 딥 워크는 불가능합니다. 외부 세계는 끊임없이 산만합니다. 여러분의 동료가 사무실로 찾아옵니다. 스마트폰은 매 20분마다 울립니다. 이메일 함은 하루에도 수십 통의 메일을 알립니다. 모두 여러분의 시간을 소모합니다.

딥 워크는 만족을 유지시키는 결과를 가져옵니다. 컴퓨터 프로그램에 몇 주를 쓰고 그것이 동작하는 것을 발견합니다. 하지만 여러분이 대부분 바라는 것은 즉각적인 만족입니다. 여러분의 잠재의식은 흔히 딥 워크라는 수고에서 탈출하는 방법들을 찾습니다. 작은 보상들이 엔돌핀을 자극합니다. 메시지를 확인하고, 의미없는 채팅방에서

대화를 합니다. 넷플릭스를 이리저리 시청합니다. 유지된 만족은 순간의 행복하고 화려하고 생동감있는 즉각적인 만족에 비해 매력적이지 않습니다.

집중하고 생산적인 노력들은 서서히 시들어가기 쉽습니다. 맞아요. 한 번은 스마트폰을 끄고 의지력을 발휘하여 SNS를 확인하고 TV 프로그램을 시청하는 것을 피할 수 있습니다. 하지만 매일 이렇게 지속할 수 있을까요? 그 대답은 문제의 근원을 찾아 근본적인 최소주의를 도입하는 데 있습니다. 적게 하려고 노력하지 말고 SNS 앱 자체를 제거하세요. 더 많이 일하려고 노력하지 말고 프로젝트와 업무의 개수를 줄이세요. 여러 프로그래밍 언어를 바꾸며 많은 시간을 쓰지 말고 하나의 프로그래밍 언어에 깊게 몰입하세요.

결론

지금까지 여러분은 복잡성을 극복해야 하는 필요에 의해 완전히 동기부여되었습니다. 복잡성과 어떻게 그것을 극복하는지에 대해서는 칼 뉴포트의 <딥 워크>를 읽어보시길 권합니다.

복잡성은 생산성을 해치고 집중력을 떨어뜨립니다. 만약 복잡성에 대해 일찍 통제하지 않으면 여러분의 소중한 자원인 시간이 빠르게 소진될 것입니다. 삶의 마지막에 여러분은 얼마나 많은 이메일에 답하였는지, 게임에는 몇 시간을 투자하였는지 혹은 여러분이 해결한 스도쿠 퍼즐은 그다지 중요하지 않습니다. 복잡성을 어떻게 다루는지 학습하고 단순하게 유지하면 여러분은 복잡성과의 투쟁에서 강력한 경쟁 우위를 가지게 될 것입니다.

2장에서는 80:20 원칙에 대해 배웁니다. 즉, 핵심적인 소수에 집중하고 사소한 다수를 무시합니다.

2

80:20 원칙

이 장에서 여러분은 프로그래머로서의 인생에 심오한 영향을 미칠 80:20 원칙에 대해 배웁니다. 이 원칙에는 발견자인 빌프레도 파레토(Vilfredo Pareto)의 이름을 딴 파레토 원칙을 포함한 많은 이름들이 있습니다. 그런데 이 원칙은 어떻게 동작하고 여러분은 왜 알아야 할까요?

80:20 원칙은 대부분의 결과(80퍼센트)가 소수의 원인(20퍼센트)에서 온다는 아이디어에 착안합니다. 이는 실무 프로그래머로서 더 많은 성과를 내려면 소수의 중요한 것에 여러분의 노력을 집중하고 그 외의 많은 것들은 무시해야 함을 보여줍니다.

80:20 원칙 기본

이 원칙은 다수의 결과가 소수의 원인에서 나온다고 이야기합니다. 예를 들어 소득의 대부분은 소수의 사람들이 벌어들이고, 다수의 혁신은 소수의 연구자들에게서 나오며, 다수의 책은 소수의 저자들이 집필하는 식입니다.

개인의 생산성에 관한 문헌의 어디에서나 등장하기 때문에 여러분은 80:20 원칙에 대해 들어봤을 것입니다. 이것이 인기있는 이유는 두 가지입니다. 먼저, 이 원칙으로 인해 중요한 것들을 알고 있는 한 여러분은 느긋하면서 동시에 생산적이게 됩니다. 80퍼센트의 결과를 만드는 20퍼센트의 활동에 여러분은 이것들에 끊임없이 집중해야 합니다. 두 번째, 이 원칙은 상당히 다양한 상황에서 발견되기 때문에 그만큼 신뢰할 수 있습니다. 심지어 반례를 떠올리는 것이 어려울 정도입니다. 예를 들어 원인과 결과가 모두 공평한 상황들입니다. 50퍼센트의 원인에서 50퍼센트의 결과가 나오는 50:50 분포의 예를 찾아보세요! 물론 분포가 항상 80:20 비율이 되는 것은 아닙니다. 구체적인 숫자는 70:30, 90:10 혹은 심지어는 95:5가 될 수 있습니다. 하지만 그 분포는 항상 다수의 결과를 산출하는 소수 원인들로 심하게 치우쳐져 있습니다.

그림 2-1은 파레토 분포를 따르는 파레토 원칙을 보여줍니다.

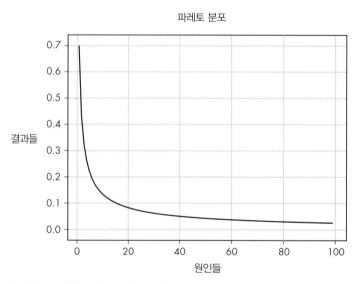

그림 2-1. **일반적인 파레토 분포의 예**

파레토 분포는 원인(x축)에 대한 결과(y축)를 표시합니다. 결과는 성공 혹은 실패의 척도가 될 수 있는데 예를 들어 소득, 생산성 혹은 소프트웨어 프로젝트의 버그 개수 등입니다. 원인은 결과의 연관될 수 있는 어떠한 개체라고 할 수 있고, 예를 들면, 각

각 임직원 수, 비즈니스들, 소프트웨어 프로젝트 등입니다. 특유의 파레토 곡선을 얻기 위해 우리는 결과를 만들어내는 원인들을 정렬합니다. 그래프를 쉽게 설명하면 가장 높은 소득을 가진 사람은 x축의 첫 번째에 오고 두 번째로 소득이 높은 사람은 두 번째 오는 식입니다.

실용적인 예를 살펴봅니다.

응용 프로그램 소프트웨어 최적화

그림 2-2는 가상의 소프트웨어 프로젝트에 대한 파레토 원칙을 보여줍니다. 소수의 코드가 대다수의 실행시간을 차지합니다. x축은 총 실행시간 순으로 코드 함수를 정렬합니다. y축은 각 코드 함수들의 실행시간입니다. 도표 아래에 있는 그림자 영역은 대부분의 코드 함수들이 전체 실행 시간 기준으로 소수의 선별된 코드 함수들에 비해 훨씬 적게 기여하고 있음을 보여줍니다. 파레토 원칙의 초창기 발견자 중 하나인 조셉 주란(Joseph Juran)은 후자를 핵심 소수(*vital few*)라고 하고 전자는 사소한 다수(*trivial many*)라고 부릅니다. 소프트웨어 프로젝트에서 사소한 다수를 최적화하는데 오랜 시간을 소비하면 전반적인 실행 시간 향상에는 거의 영향이 없습니다. 소프트웨어 프로젝트에서 파레토 분포의 존재에 대해서는 루리다스(Louridas), 스피넬리스(Spinellis)와 블라코스(Vlachos)의 2008년 연구인 "소프트웨어의 멱법칙"에 의해 과학적 증거들이 잘 제시되어 있습니다.

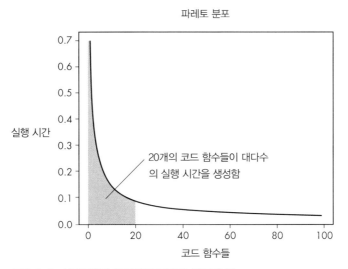

그림 2-2. **소프트웨어 공학에서 파레토 분포의 예**

IBM, 마이크로소프트, 애플과 같은 대기업들은 파레토 원칙을 도입해 그들의 초점을 핵심 소수 즉, 평균적인 사용자들이 가장 자주 실행하는 20퍼센트의 코드를 반복적으로 최적화하여 더 빠르고 좀 더 사용자 친화적인 컴퓨팅 환경을 만듭니다. 모든 코드가 평등한 것은 아닙니다.[1] 소수의 코드가 사용자 경험에 지배적인 영향을 미치고 대다수의 코드는 거의 영향을 미치지 못합니다. 여러분은 파일 탐색기 아이콘을 매일 더블 클릭하지만 파일의 접근 권한은 거의 변경하지 않습니다. 80:20 원칙은 여러분의 최적화 노력을 어디에 집중해야 하는지 말해줍니다.

원칙은 이해하기 쉽지만 여러분의 삶에 어떻게 적용해야 할지 아는 것은 어렵습니다.

생산성

사소한 다수보다 핵심 소수에 집중함으로써 여러분의 생산성은 10배 심지어는 100배 향상될 수도 있습니다. 제 말을 믿지 못하시나요? 80:20 분포를 가정하고 이들 숫자들이 어디서 나오는지 계산해보겠습니다.

우리는 보수적인 80:20 인자들(80퍼센트의 결과가 20퍼센트의 사람들으로부터 나옴)을 사용하여 각 그룹의 생산율을 계산합니다. 프로그래밍과 같은 몇몇 분야에서는 분포는 훨씬 더 편향될 수 있습니다.

그림 2-3은 10명으로 이루어진 회사에서 단지 두 명의 직원이 80퍼센트의 결과를 만드는 것을 보여줍니다. 이때 8명의 직원은 성과의 나머지 20퍼센트를 만듭니다. 80퍼센트를 2명으로 나누면 회사의 최고 성과 직원들은 각각 40퍼센트의 성과를 만듭니다. 만약 20퍼센트의 성과가 8명에 의해 만들어진다면 하위 성과자 각각은 평균 2.5퍼센트가 됩니다. 이들 성과의 차이는 16배가 됩니다!

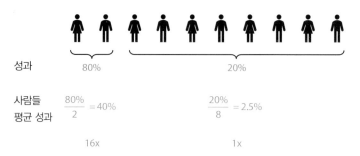

그림 2-3. **상위 20퍼센트의 직원의 평균 성과는 하위 80퍼센트 직원의 평균 성과 대비 16배**

---

1 **(역자 주)** 원문은 "Not all code is created equal"로 링컨의 게티즈버그 연설문에 있는 "All men are created equal"을 패러디하였습니다.

평균 성과의 16배 차이는 전 세계의 수백만의 기업들에서 사실입니다. 파레토 분포는 또한 프랙탈[2]을 이루어 상위 20퍼센트의 상위 20퍼센트가 그 결과의 80퍼센트의 80퍼센트를 생성하며 수천 명이 근무하는 대기업들에서의 중대한 성과를 설명합니다.

성과의 차이는 지능으로만 설명될 수 없습니다. 한 사람이 다른 사람보다 1,000배 더 똑똑할 수는 없습니다. 대신 결과의 차이는 조직 혹은 개인의 특정 행동에서 비롯됩니다. 만약 여러분이 같은 것을 한다면 결국 같은 결과를 얻게 됩니다. 하지만 연구를 통해 여러분이 상상할 수 있는 거의 대부분의 지표의 결과가 극단적인 성과의 불평등성을 보여준 것처럼 여러분은 어떤 행동을 바꾸기 전에 어떤 결과를 달성하고 싶은지에 대해 분명하게 해야 합니다.

소득   미국에서 10퍼센트의 사람들은 거의 50퍼센트의 소득을 얻습니다.

행복   북미에서는 25퍼센트 미만의 사람들이 자신의 행복을 10점 만점에 9 혹은 10으로 매깁니다. 0점은 최악의 삶이고 10점은 가능한 최상의 삶을 의미합니다.

월간 능동 사용자들   표 2-1에서 볼 수 있듯이 의도를 가지고 있는 모든 사용자를 기준으로 상위 10개의 웹 사이트 중 단지 2개가 누적 트래픽의 48퍼센트를 차지합니다.(출처는 https://www.ahrefs.com/)

도서 판매량   단지 20퍼센트의 저자들이 전체 도서 매출의 97퍼센트를 올립니다.

과학적 생산성   예를 들어 5.2퍼센트의 과학자들은 출판된 모든 논문들의 38 퍼센트를 차지합니다.

이 장의 참고 문헌에는 이러한 데이터를 지지하는 몇몇 기사들을 포함합니다. 결과의 불평등성은 사회 과학에서도 잘 정립된 현상으로 보통 지니 계수(Gini coefficient)라는 지표로 측정됩니다.

#	도메인	월간 트래픽	누적
1	en.wikipedia.org	1,134,008,294	26%
2	youtube.com	935,537,251	48%
3	amazon.com	585,497,848	62%
4	facebook.com	467,339,001	72%
5	twitter.com	285,460,434	79%
6	fandom.com	228,808,284	84%
7	pinterest.com	203,270,264	89%

---

2   **(역자 주)** 프랙탈은 일부 작은 조각이 전체와 비슷한 기하학적 형태를 말합니다(위키백과)

8	imdb.com	168,810,268	93%
9	reddit.com	166,277,100	97%
10	yelp.com	139,979,616	100%

표 2-1. 미국에서 상위 트래픽 10개 사이트의 누적 트래픽량

그래서 여러분은 어떻게 고성과자가 될 수 있을까요? 혹은 좀 더 일반화하여 어러분은 조직에서 어떻게 파레토 분포의 좌측으로 이동할 수 있을까요?(그림 2-4를 보세요)

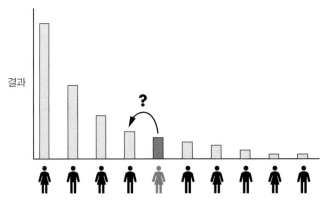

그림 2-4. 더 많은 결과를 만들기 위해 여러분은 곡선의 좌측으로 이동해야 합니다

성공 지표

여러분은 소득을 최대한 올리고 싶을 겁니다. 어떻게 파레토 곡선의 좌측으로 이동할 수 있을까요? 이에 대한 정확한 과학보다는 업계에서 성공한 사람들의 이유들을 찾고 여러분이 통제하고 구현할 수 있고 성취할 수 있는 성공 지표를 개발하는 것이 더 중요합니다. 우리는 성공 지표(*success metrics*)라는 용어를 여러분이 속한 분야에서 더 많은 성공을 만드는 행동들의 측정으로 정의하겠습니다. 까다로운 점은 가장 중요한 성공 지표는 분야에 따라 대부분 서로 다르다는 점입니다. 80:20 원칙은 또한 성공 지표에 적용할 수 있습니다. 몇몇 성공 지표들은 한 분야의 성과에 큰 영향을 미칠 수 있지만 다른 지표는 거의 중요하지 않을 수도 있습니다.

예를 들면 필자는 박사 연구원으로 근무할 때 성공은 다른 연구자들의 인용으로 결정된다는 것을 곧 깨달았습니다. 연구자로서 더 많이 인용될수록 더 많은 신뢰성, 가시성과 기회들을 얻을 것입니다. 하지만 피인용 횟수를 늘리는 것은 여러분이 매일 최

적화할 수 있는 행동 가능한 성공 지표가 아닙니다. 피인용 횟수는 지행 지표(*lagging indicator*)입니다. 왜냐하면 그것은 여러분이 과거에 한 행동에 기초하기 때문입니다. 지행 지표들의 문제는 그것들이 오직 과거 행동들의 결과만을 기록한다는 것입니다. 따라서 성공을 위해 매일 해야 할 바른 행동들에 대해서는 알려주지 않습니다.

바른 행동들을 하기 위한 지표를 얻기 위해서는 선행 지표(*leading indicators*)의 개념이 필요합니다. 선행 지표는 어떤 일이 발생하기 전에 지행 지표의 변화를 예측하는 지표입니다. 여러분이 선행 지표를 더 많이 수행한다면 지행 지표는 아마도 그 결과로써 좋아질 것입니다. 연구자로서 여러분은 고품질의 연구 논문들을 더 많이 발행(선행 지표)할 때 더 많은 피인용을 받게(지행 지표) 될 것입니다. 즉, 고품질의 논문을 쓰는 것은 대부분의 과학자들에게 가장 중요한 활동이며 그 외에 발표를 준비하거나 프로젝트를 조직하거나 가르치거나 커피를 마시는 등의 활동은 부차적입니다. 연구자들을 위한 성공 지표는 그림 2-5에서 볼 수 있듯이 고품질의 논문을 최대로 많이 발행하는 것입니다.

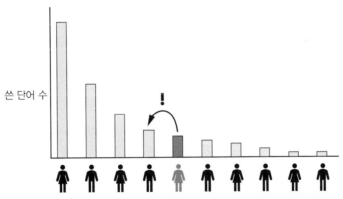

그림 2-5. **연구의 성과 지표: 고품질의 논문을 작성하기 위해 쓴 단어 수**

연구 분야에서 좌측으로 가기 위해 여러분은 매일 더 많은 단어를 쓰고 앞으로 고품질 논문은 더 빠르게 발행하고 더 많은 피인용을 빠르게 받고, 과학적 성과를 성장시키고 더 성공한 과학자가 되어야 합니다. 대략 얘기하면 다른 많은 성공 지표들은 "과학 분야에서의 성공"을 위한 대리 지표가 될 수 있습니다. 예를 들어 지행 지표에서 선행 지표 순으로 정렬한다면 그 결과는 *피인용 수, 고품질 논문의 발행 수, 평생 쓴 전체 단어의 수*와 *오늘 쓴 단어의 수* 순입니다.

80:20 접근법은 여러분이 어떤 활동에 집중해야 하는지 식별하는 것을 돕습니다. 성공 지표, 특히 행동 가능한 선행 지표를 더 많이 행할수록 직업적으로 성공 가능성이 증가하고 그것에 우선순위를 두어야 합니다. 다른 일에는 시간을 줄이세요. 서서히

시간을 허비하는 것을 거부하세요. *매일 더 많은 단어를 쓰는 것* 외에 다른 활동에는 무심해지세요.

만약 매일 8시간을 일한다면 그것은 1시간짜리 활동 8개로 나눌 수 있습니다. 성공 지표를 작성한 후에 하루에 1시간짜리 2개의 활동은 생략하고 조금은 덜 완벽주의자가 되는 방법으로 4개의 다른 활동을 절반의 시간에 완료합니다. 여러분은 매일 4시간을 절약했지만 어전히 할 일의 80퍼센트를 달성했습니다. 이제 여러분은 여분의 2시간을 투자하여 매일 고품질의 논문을 작성하기 위해 더 많은 글을 쓸 수 있습니다.[3] 몇 달 안에 여러분은 추가적인 논문을 제출하고 이것을 반복하여 다른 동료들보다 더 많은 논문들을 제출하게 될 것입니다. 여러분은 오직 하루에 6시간만 일하고 대부분의 일상 업무에 대해서는 완벽하지 않은 결과를 내게 됩니다. 하지만 주변에 다른 사람보다 더 많은 연구 논문을 제출하기 때문에 중요한 곳에서 빛나게 됩니다. 결과적으로 여러분은 상위 20퍼센트의 연구자가 될 것입니다. 더 적게 투자하였지만 더 많이 얻습니다.

"열두 가지 재주 있는 사람이 밥 굶는다"라는 속담처럼 다양한 활동을 하는 것보다 여러분에게 가장 중요한 영역에서 전문 지식을 쌓으세요. 핵심 소수에 충분히 집중하고 사소한 다수는 무시하세요. 이것이 스트레스는 덜 받고 여러분이 투자한 노동, 노력, 시간과 돈으로부터 더 많은 성과를 즐길 수 있는 방법입니다.

집중과 파레토 분포

더 깊게 말하고 싶은 주제는 집중(*focus*)입니다. 이 책의 많은 부분에서 집중에 대해 이야기할 것입니다. 9장에서는 집중의 힘에 대해 자세히 다룹니다. 80:20 원칙에서도 집중이 왜 그렇게 강력한지 설명합니다. 그 주장에 대해 알아보시죠.

그림 2-6의 파레토 분포에서는 분포의 상위로 갔을 때의 퍼센트의 증가에 대해 보여줍니다. 앨리스는 조직에서 생산성이 다섯 번째입니다. 만약 그녀가 조직에서 한 명만 추월한다면 생산성 순위는 네 번째가 될 것이고 그녀의 성과(월급)는 10퍼센트 증가할 것입니다. 한 단계 더 앞서면 성과는 *추가로* 20퍼센트가 늘어납니다. 파레토 분포에서 순위당 성장은 지수적으로 폭발하며 생산성에서의 작은 증가가 소득에서는 큰 증가로 이어질 수 있습니다. 여러분의 생산성을 증가시키는 것이 여러분의 업무에 관한 소득, 행복과 즐거움에 초선형적인 향상으로 이어집니다. 어떤 사람은 이러한

---

3 (역자 주) 한마디로 중요도가 낮은 업무는 덜 꼼꼼하게 하고 그렇게 절약된 시간을 중요한 성공 지표에 투자하라는 의미입니다.

현상을 이렇게 부릅니다. "승자가 모든 것을 차지한다.(승자독식)"

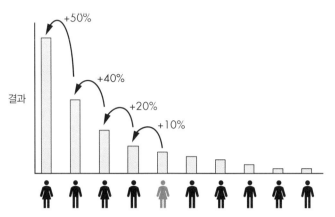

그림 2-6. **파레토 분포에서 여러분의 순위 상승의 불균형적인 혜택**

그림 2-7을 보세요. 저것이 바로 여러분이 주의를 분산해서는 안되는 이유입니다. *여러분이 집중하지 않으면 여러 개의 파레토 분포에 참여하게 됩니다.* 앨리스와 밥은 각각 매일 3단위의 학습 노력을 투자합니다. 앨리스는 프로그래밍 하나에 집중합니다. 그녀는 3단위의 노력을 코딩을 배우는데 씁니다. 밥은 그의 초점을 다수의 영역으로 분산시킵니다. 1단위는 체스 기술을 배우고, 다른 1단위는 프로그래밍을 배웁니다. 그리고 마지막 1단위는 정치적 기술을 배웁니다. 그는 각 세 영역에서 평균적인 기술과 성과에 도달했습니다. 하지만 파레토 분포는 불균형하게 상위 성과자에게 훨씬 더 많이 보상합니다. 따라서 앨리스가 더 많은 합의 보상을 받습니다.

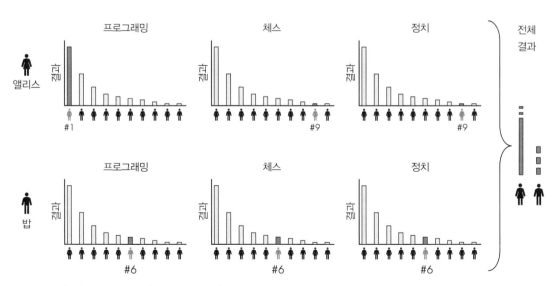

그림 2-7. **순위별 성과의 비선형성 – 집중의 힘을 전략적으로 설명하다**

불균형적인 보상은 각 영역에 역시 유효합니다. 예를 들어 밥은 그의 시간을 3권의 입문서를 읽는데 썼습니다(편의상 *파이썬 입문, C++ 입문, 자바 입문*이라고 합시다) 반면에 앨리스는 3권의 파이썬 기반의 머신러닝 책을 깊게 팠습니다.(예를 들어 *파이썬 입문, 파이썬 머신러닝 입문과 전문가를 위한 머신러닝*) 결과적으로 앨리스는 머신러닝 전문가가 되는데 집중하였고 그녀의 특별한 기술로 인해 더 높은 연봉을 요구할 수 있습니다.

프로그래머를 위한 시사점

다른 분야에 비해 프로그래밍에서 성과는 상위자에게 훨씬 더 편향되는 경향이 있습니다. 80:20 대신에 분포는 90:10 혹은 95:5와 같이 되기도 합니다. 빌 게이츠는 "*위대한 선반(절단용 기계) 사용자는 평균적인 선반 사용자에 비해 몇 배의 월급을 받지만 위대한 프로그래머는 평균적인 프로그래머에 비해 10,000배 월급의 가치가 있다.*"라고 했습니다. 빌 게이츠는 위대한 프로그래머와 평균적인 프로그래머가 16배가 아니라 10,000배라고 주장합니다! 다음은 소프트웨어 업계에서 왜 그렇게 극단적인 파레토 분포를 갖는지에 대한 몇 가지 이유들입니다.

- 위대한 프로그래머는 평균적인 프로그래머가 단순하게 풀 수 없는 몇몇 문제들을 풀 수 있습니다. 어떤 분야에서 이것은 무한한 생산성 차이를 보입니다.
- 위대한 프로그래머는 평균적인 프로그래머보다 10,000배 빠른 코드를 작성할 수 있습니다.
- 위대한 프로그래머는 버그가 더 적은 코드를 작성합니다. 하나의 보안 버그가 마이크로소프트의 명성과 브랜드에 미칠 수 있는 파장을 생각해보세요! 게다가 모든 추가적인 버그는 코드 기반을 수정하고 기능을 추가하는데 시간, 에너지와 돈을 들여야 합니다. 버그로 인한 해롭고 복합적인 효과입니다.
- 위대한 프로그래머는 확장하기 쉬운 코드를 작성합니다. 이는 이후의 개발 단계에서 수천 명의 프로그래머가 일하는 기반이 되는 코드의 생산성을 높여줍니다.
- 위대한 프로그래머는 격이 다른 생각을 하고 비용이 드는 개발 노력을 줄여주는 창의적인 해결책을 찾고 가장 중요한 것에 집중하도록 도와줍니다.

실무에서 이러한 요소들이 함께 발휘되어 차이는 훨씬 더 커집니다. 따라서 여러분을 위한 핵심 질문은 다음과 같습니다. 어떻게 위대한 프로그래머가 될 수 있을까요?

프로그래머를 위한 성공 지표

안타깝게도 "위대한 프로그래머가 되기"라는 문장은 여러분이 직접적으로 최적화할 수 있는 성공 지표가 아닙니다. 문제는 다차원적입니다. 위대한 프로그래머는 코드를 빠르게 이해할 수 있고, 알고리즘과 자료구조를 알고, 서로 다른 기술과 그들의 장단점을 알고, 다른 사람과 협업할 수 있고, 의사소통에 능하며 창의적이고, 교육을 많이 받았고 소프트웨어 개발 프로세스를 조직하는 방법을 알고 수백 가지의 소프트와 하드 스킬들을 보유하고 있습니다. 하지만 여러분은 이러한 것들을 모두 마스터할 수 없습니다. 여러분이 핵심 소수에 초점을 맞추지 않으면 사소한 다수에 휩쓸려갈 것입니다. 위대한 프로그래머가 되기 위해서는 핵심 소수에 집중해야 합니다.

핵심 소수를 위한 활동 중 하나는 더 많은 코드를 작성하는데 집중하는 것입니다. 더 많은 라인의 코드를 작성할수록 여러분은 더 좋은 프로그래머가 될 것입니다. 그것은 다면적인 문제를 단순화한 것입니다. 대리 지표(더 많은 라인의 코드를 작성하기)를 최적화하여 여러분은 목표 지표(위대한 프로그래머가 되기)의 성공 확률을 높일 수 있습니다. 그림 2-8을 보세요.

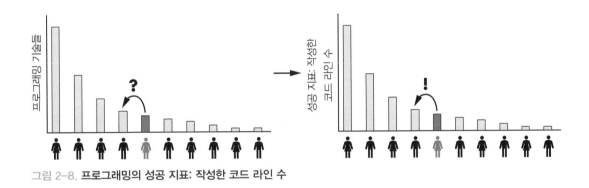

그림 2-8. **프로그래밍의 성공 지표: 작성한 코드 라인 수**

더 많은 코드를 작성함으로써 여러분은 더 좋은 코드를 작성하고 코딩 전문가처럼 말하고 행동하게 될 것입니다. 여러분의 네트워크에 더 좋은 프로그래머들을 끌어들이고 더 많은 도전적인 프로그래밍 과제들을 찾을 수 있습니다. 여러분이 작성한 코드로 점점 더 많은 급여를 받게 될 것입니다. 사소하지만 누구나 할 수 있는 업무는 아웃소싱할 수 있습니다.

따라야 하는 80:20 활동은 다음과 같습니다. 매일 작성하는 코드 라인 수를 기록하고 그것을 최적화하세요. 매일 여러분의 평균적인 성과를 지속적으로 낼 수 있는 노력을 해보세요.

현실의 파레토 분포

우리는 파레토 분포가 적용되는 현실의 예를 빠르게 살펴봅니다.

텐서플로 깃헙 저장소의 공헌들

깃헙 저장소의 공헌들은 파레토 분포의 극단적인 예를 보여줍니다. 극도로 인기있는 파이썬 머신러닝 저장소인 *텐서플로*를 알아봅시다. 그림 2-9는 깃헙 저장소의 상위 7위 공헌자들을 보여줍니다. 표 2-2는 같은 대상에 대한 수치 데이터입니다.

깃헙 텐서플로 저장소 커밋들

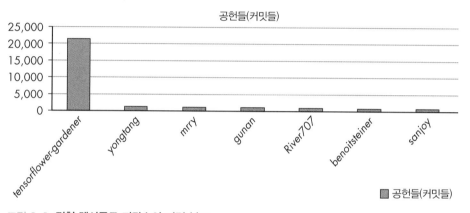

그림 2-9. 깃헙 텐서플로 저장소의 커밋 분포

공헌자	커밋들
tensorflower-gardener	21,426
yongtang	1,251
mrry	1,120
gunan	1,091
River707	868
benoitsteiner	838
sanjoy	795

표 2-2. 텐서플로 커밋들 수와 그 공헌자들

tensorflower-gardener라는 사용자는 이 저장소의 전체 93,000개의 커밋 중에 20퍼센트가 넘는 커밋을 공헌하였습니다.[4] 수천 명의 공헌자들이 있는 것을 생각하면 분포는 80:20 분포보다 더욱 극단적입니다. 그 이유는 tensorflower-gardener가 이 저장소를 생성하고 유지하는 구글 프로그래머들의 팀이기 때문입니다. 하지만 이 팀을 빼더라도 남은 개인 상위 공헌자들은 인상적인 경력들을 가진 대단히 성공한 프로그래머들입니다. 여러분은 그들의 공개적인 깃헙 저장소를 확인할 수 있습니다. 그들 중 다수는 매우 매력적인 회사에서 흥미진진한 업무를 하고 있습니다. 그들이 이 오픈 소스 저장소에 거대한 수의 커밋들을 올리기 전에도 성공했었는지 혹은 그 후에야 성공했는지는 단지 이론적인 논의일 뿐입니다. 매우 실용적인 목적을 위해 여러분은 자신의 성공 습관을 시작해야 합니다. 그것은 매일 많은 코드를 작성하는 것입니다. 아무도 여러분이 텐서플로 저장소의 상위 두 번째 공헌자가 되는 것을 막을 수 없습니다. 단지 앞으로 2년 혹은 3년간 텐서플로 저장소에 하루에 2개 혹은 3개의 가치있는 코드를 작성하여 커밋을 올려보시기 바랍니다. 이것을 지속할 수 있다면 여러분은 단 하나의 강력한 습관을 몇 년간 집중하여 지구에서 가장 성공한 프로그래머가 될 수 있습니다!

프로그래머의 순가치

확실하게 프로그래머의 순가치도 파레토 분포를 따릅니다. 프라이버시의 이유로 개인의 순 가치에 관한 데이터를 확보하는 것은 어렵지만 https://www.networthshare.com/ 웹사이트는 프로그래머를 포함한 다양한 전문직들이 자가 보고한 순가치를 제공합니다. 데이터에는 비록 약간의 잡음이 있지만 현실의 파레토 분포들이 가진 특이한 편향을 보여줍니다.

---

4 (역자 주) 2022년 11월 현재 총 커밋은 138,1890이고 여전히 tensorflower-gardener는 23%(32,795 커밋)을 차지하고 있습니다.

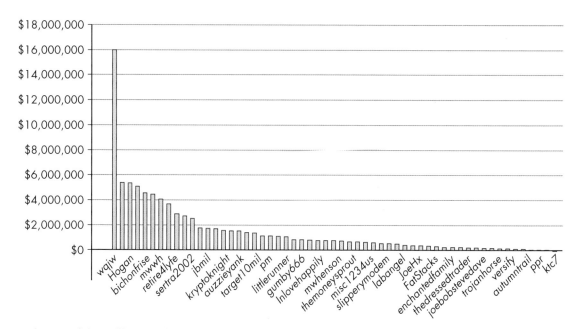

그림 2-10. **자가 보고한 프로그래머들 60명의 순 가치**

29명이라는 작은 표본에도 소프트웨어 백만장자들이 꽤 보입니다! 하지만 곡선은 현실에서 훨씬 더 편향되어 나타날 것입니다. 왜냐하면 마크 저커버그(Mark Zuckerberg), 빌 게이츠, 일론 머스크(Elon Musk)와 스티브 워즈니악(Steve Wozniak)과 같은 많은 억만장자 프로그래머들도 존재하기 때문입니다. 그러한 기술 천재들은 스스로 그들의 서비스의 원형을 제작하였고 소스 코드에도 손을 댔습니다. 최근에는 블록체인 업계에서 더 많은 소프트웨어 억만장자들이 나왔습니다.

프리랜서 긱[5]들

프리랜서 개발 영역은 프리랜서들이 그들의 서비스들을 제안하고 의뢰인들이 그들을 고용할 수 있는 두 개의 마켓인 업워크(Upwork)와 피버(Fiverr)가 지배하고 있습니다.[6] 두 플랫폼 모두 사용자와 수익 측면에서 매년 두 자릿수로 성장하고 있으며 끊임없이 세상 인재들의 조직을 혁신하고 있습니다.

프리랜서 개발자의 평균 소득은 시간당 $51입니다. 하지만 이것은 오직 평균값이며 상위 10퍼센트의 프리랜서 개발자들은 훨씬 더 높은 시간당 소득을 올립니다. 오픈마켓에서 소득은 대략 파레토 분포를 따릅니다.

---

5 (역자 주) 긱(gig)은 프리랜서가 담당하는 임시직 업무를 의미합니다.

6 (역자 주) 업워크와 피버는 해외에서 유명한 프리랜서 사이트로 국내에는 크몽(Kmong)이 유사합니다.

필자는 이 편향된 소득 분포를 세 가지 관점의 경험에서 관찰하였습니다 (1) 한 명의 프리랜서로서 (2) 수백 명의 프리랜서를 고용하는 고객으로서 (3) 파이썬 프리랜서 교육을 제공하는 강의 제공자로서. 대부분의 학생들은 잠재적인 평균 수입에 미치지 못하는데 그 이유는 그들이 한 달 혹은 그 이상 시장에 머물지 못하기 때문입니다. 몇 달간 매일 프리랜서 비즈니스에 꾸준히 종사하는 사람들은 보통 평균적으로 시간당 $51 목표 수입에 도달합니다. 아주 야심있고 헌신적인 학생들은 시간당 $100 이상 되기도 합니다.

하지만 왜 어떤 학생들은 실패하는 데 다른 학생들은 번창할까요? 피버 플랫폼에서 평균 5점 만점에 4점 이상 받은 프리랜서 개발자들의 성공적인 긱(gigs) 수를 봅시다. 그림 2-11은 인기있는 분야인 머신러닝 분야에 초점을 맞추었습니다. 필자는 이 데이터를 피버 웹 사이트에서 수집하였고 머신러닝 긱들(Machine Learning Gigs) 분류의 상위 두 페이지의 검색 결과를 참고하여 71명의 프리랜서들이 완료한 긱 수를 추적하였습니다. 그 결과는 이제는 놀랍지 않게 파레토 분포를 따르고 있다는 것을 확인할 수 있습니다.

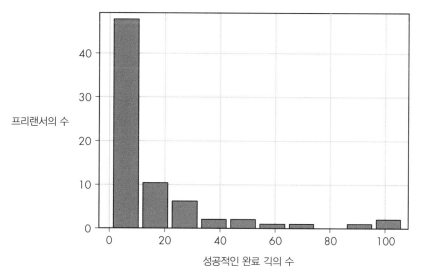

그림 2-11. 피버 프리랜서들과 그들이 완료한 긱의 수

수천 명의 프리랜서 학생들을 가르치는 교사로서의 경험에 의하면 대다수의 학생들이 10 개 미만의 긱만을 완료합니다. 그러한 많은 학생들은 나중에 "프리랜싱은 쓸모가 없어요"라고 항의할 것이라고 꽤 확신합니다. 나에게 이 문장은 "이것은 직업이 아니에요" 혹은 "사업이 되지 않아요"라고 말하는 모순어법으로 들립니다. 이들 프리랜서 학생들이 실패하는 이유는 그들이 충분히 열심히 그리고 오랫동안 노력하지 않았기 때문입니다. 그들은 돈을 쉽게 벌 수 있다고 가정하고 프리랜서 중 승자가 되기 위

해서 지속적으로 일해야 한다는 것을 알게 되면 빠르게 포기합니다.

프리랜서의 이러한 지속성 부족은 실제로 여러분이 파레토 분포 위로 올라갈 수 있는 탁월한 기회를 제공합니다. 궁극적으로 상위 1~3퍼센트의 프리랜서들이 될 수 있는 단순한 성공 지표는 다음과 같습니다. *더 많은 긱을 완료하라*. 게임에 더 오래 남아 있으라. 어느 누구나 할 수 있습니다. 이 책을 읽는다는 사실 자체가 여러분이 상위 1~3퍼센트 프리랜서 코딩 전문가가 되고 싶은 헌신, 야망과 동기를 가지고 있음을 보여줍니다. 대부분의 참가자들은 집중력 부족으로 고통받고 있으며 심지어 그들이 기술력이 있고 똑똑하고 인적 네트워크가 풍부하더라도, 집중력있고 헌신하며 파레토 분포를 알고 있는 프로그래머를 이길 수는 없습니다.

파레토는 프랙탈이다

파레토 분포는 프랙탈입니다. 여러분이 줌인하면 오직 전체 분포의 일부만 보이고 그 안에는 또 다른 파레토 분포가 보입니다. 데이터가 너무 희소해지지 않는 한 이러한 경향은 계속됩니다. 그 경우 프랙탈의 성질을 잃습니다. 예를 들어 한 개의 점은 파레토 분포로 볼 수 없습니다. 그림 2-12에서 이 속성을 보여줍니다.

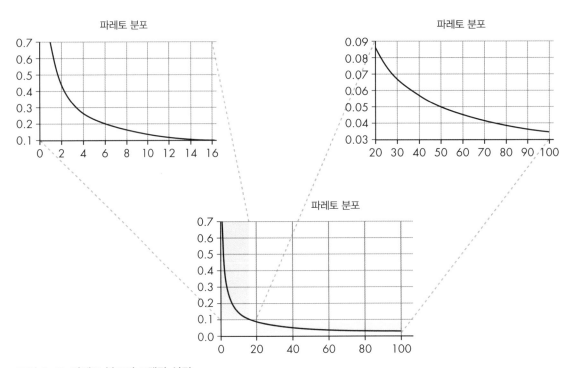

그림 2-12. **파레토 분포의 프랙탈 성질**

그림 2-12의 중앙에는 그림 2-1의 파레토 분포가 있습니다. 코드 2-1에 있는 단순한 파이썬 스크립트는 파레토 분포를 살펴볼 수 있습니다.

```python
import numpy as np
import matplotlib.pyplot as plt

alpha = 0.7

x = np.arange(100)
y = alpha * x / x**(alpha+1)

plt.plot(x, y)

plt.grid()
plt.title('Pareto Distribution')
plt.show()
```

코드 2-1. 여러분이 파레토 분포를 살펴볼 수 있는 상호작용 스크립트

코드를 실행하려면 코드를 복사하여 파이썬 쉘에 붙이고 실행하면 됩니다. 파이썬 쉘에서 실행하면 파레토 분포의 서로 다른 영역들을 확대해볼 수 있습니다.

파레토 분포는 삶과 프로그래밍에서 실용적인 응용이 가능하며 그들 중 몇 가지를 이 책에서 논의할 것입니다. 하지만 필자의 경험에 여러분을 가장 변화시키는 것은 80:20 사상가가 되는 것입니다. 즉, 지속적으로 더 적은 것을 가지고 더 많은 것을 성취하는 법을 찾으려고 노력하는 것입니다. 구체적인 파레토 숫자들은 인생에서 80:20, 70:30 혹은 90:10과 같이 달라질 수 있지만 생산성과 성과 분포들의 프랙탈적인 성질에서 어떤 가치를 끌어낼 수 있습니다.

예를 들어 소수의 프로그래머가 나머지 프로그래머보다 훨씬 더 많이 벌고 그들 상위 소득자의 몇몇은 나머지 상위 소득자보다 더 많이 법니다. 패턴은 데이터가 희소해질 때까지 계속됩니다. 몇 가지 예제들입니다.

소득 상위 20퍼센트 프로그래머의 20퍼센트는 80퍼센트의 80퍼센트를 벌 것입니다. 다른 말로 4퍼센트(= 0.2 * 0.2)의 프로그래머는 64퍼센트(= 0.8 * 0.8)의 소득을 가져갑니다! 이것은 여러분이 이미 상위 20퍼센트의 프로그래머에 속해 있다고 하더라도 여러분은 현재의 재무적 상황에 갇혀있을 필요가 없다는 것을 암시합니다.(이 논문은 소득 분포의 프랙탈적인 성질을 보여주는 많은 논문 중 하나입니다. 링크:http://journalarticle.ukm.my/12411/1/29%20Fatimah%20Abdul%20Razak.pdf)

활동 이번 주에 한 활동 중 가장 영향력있는 20퍼센트의 20퍼센트는 여러분의 결과의 80퍼센트의 80퍼센트의 80퍼센트의 원인입니다. 이 시나리오에서 0.8퍼센트의 활동은 51퍼센트(= 0.8 * 0.8 * 0.8)의 결과를 만들어 낼 것입니다. 대략 얘기하여 여러분이 주당 40시간을 일하면 20분이 여러분의 한 주 업무의 절반을 설명합니다! 그러한 20분 활동의 예는 비즈니스 작업을 자동화하고 몇 주마다 두서너 시간을 절약하여 다른 활동에 투자할 수 있도록 하는 스크립트를 작성하는 것입니다. 만약 여러분이 프로그래머라면 불필요한 기능의 구현을 생략하여 수십 시간의 불필요한 작업을 절약할 수 있습니다. 만약 80:20 사고법을 적용하기 시작한다면 그러한 다수의 레버리지 활동들을 빠르게 찾게 될 것입니다.

진행 어떠한 파레토 분포에 있더라도 성공 습관과 집중의 힘을 사용하여 "왼쪽으로 이동"하면 여러분의 성과를 지속적으로 향상할 수 있습니다. 최고점에 도달하지 않는 한 항상 개선의 여지가 있으며 비록 여러분이 대단히 발달한 개인, 회사 혹은 경제가 아니더라도 더 적은 것으로 더 많은 것을 획득할 수 있습니다.

파레토 곡선의 위로 올라갈 수 있는 활동들이 항상 분명한 것은 아니지만 결코 무작위도 아닙니다. 많은 사람들은 자기의 분야에 있는 확률론적인 성질로 인해 결과가 완전히 무작위적으로 나온다고 주장하며 성공 지표 찾기를 포기합니다. 얼마나 잘못된 결론인가요! 하루에 적은 양으로 체스를 연습하면 체스 프로 기사가 되지 못하는 것처럼, 하루에 코드를 적게 작성하면 프로그래밍 전문가가 되지 못할 것입니다. 다른 요소들이 작용할 수 있지만 우연으로 게임을 이길 수는 없습니다. 본인이 종사하는 분야의 성공 지표에 집중하면 여러분의 입맛에 맞는 확률들을 만들어 낼 수 있습니다. 80:20 원칙으로 생각하는 것은 승률이 높은 도박장으로 비유할 수 있습니다. 도박의 승자는 *대체*로 도박장입니다.[7]

80:20 실천 팁

파레토 원칙의 힘을 레버리지하는 9개의 팁으로 이 장을 마무리합니다.

1. 당신의 성공 지표를 발견하라

본인이 속한 산업 분야를 정의하세요. 그 업계에서 가장 성공한 전문가가 무엇을 특별히 잘하는지와 여러분이 상위 20퍼센트로 가까이 가려면 무엇을 매일 해야 하는지 알아내야 합니다. 만약 프로그래머의 경우 성공 지표는 작성하는 코드 라

---

7 (역자 주) 카지노의 경우 업장의 승률이 게임 플레이어보다 조금 높게 설정되어 있다고 합니다.

인 수가 될 것입니다. 만약 저자라면 성공 지표는 다음 책을 집필하는 단어 수가 될 수 있습니다. 스프레드 시트를 열고 매일 성공 지표를 기록하세요. 그 게임에 매진하고 자기 자신을 능가하세요. 최소한의 임계치를 설정하고 매일 최소 기준치를 달성하기 전까지 하루를 마무리하지 마세요. 기준치를 달성하는 것을 우선순위로 둔다면 더욱 좋습니다!

2. 삶의 큰 목표를 설정하라

글로 적으세요. 큰 목표(예를 들어 10년 목표)를 분명하게 정의하지 않으면 충분히 오랜 시간 동안 그 목표를 고수하기 어렵습니다. 파레토 곡선 위로 올라가기 위한 중대한 전략은 더 적은 게임에 참여하면서 각 게임에는 더 오래 남아 있는 것입니다.

3. 더 적은 자원으로 같은 것을 달성하는 방법들을 찾아라

어떻게 20퍼센트의 시간만으로 80퍼센트의 결과를 달성할 수 있을까요? 오직 20퍼센트의 성과만 내는 80퍼센트의 나머지 활동들은 어떻게 제거할 수 있을까요? 제거할 수 없다면 아웃소싱 가능할까요? 피버와 업워크는 인재를 찾는 저렴한 방법을 제공하며 다른 사람들의 기술을 지렛대로 이용할 수 있습니다.

4. 성공 경험을 회고하라

여러분은 위대한 결과를 위해 무엇을 하였나요? 어떻게 더 잘할 수 있을까요?

5. 실패 경험을 회고하라

실패와 관련된 것들을 어떻게 하면 더 적게 할 수 있을까요?

6. 여러분의 분야에 관한 더 많은 책을 읽어라

많은 책을 읽으면 실제로 그것을 경험할 때 필요한 대량의 시간과 에너지 투자 없이도 실용적인 경험을 시뮬레이션할 수 있습니다. 다른 사람들의 실수로부터 배우세요. 어떤 일을 하는 새로운 방법을 배울 수 있고 그 분야의 더 많은 기술들을 익힐 수 있습니다. 고도로 교육받은 전문 프로그래머들은 초보자보다 10~100배 더 빨리 문제를 해결합니다. 본인의 분야에 관한 책들을 읽는 것은 성공으로 내던져지는 성공 지표 중 하나입니다.

7. 기존의 제품을 개선하고 향상하는데 시간을 들여라

매번 새로운 제품을 발명하기보다 개선하고 향상하세요. 이것도 파레토 분포에 해당합니다. 본인 분야에 해당하는 어떤 제품이 있다면 그 제품을 파레토 곡선 위로 올리는데 모는 에너지를 투자하세요. 그러면 그 결과는 지수적으로 증가합니다.

하지만 기존의 것을 발전시키고 최적화하지 않은 채로 항상 새로운 제품만 고집한다면 결국 표준에 못미치는 결과가 나올 것입니다. 결코 잊지 마세요. 거대한 결과는 파레토 분포의 왼쪽에서 찾을 수 있습니다.

8. 웃어라

어떤 결과들은 얼마나 단순한지 놀랍습니다. 긍정적인 사람에게는 많은 것이 쉽게 돌아갑니다. 더 많은 사람들이 여러분과 협업할 것입니다. 더 많은 긍정성, 행복과 지원을 경험하게 될 것입니다. 웃음은 적은 노력으로 놀라운 결과를 보이며 높은 레버리지를 갖는 활동입니다.

9. 가치를 줄이는 행위들을 하지 마라

예를 들면 흡연, 건강하지 못한 식사, 부족한 수면 시간, 음주와 넷플릭스의 과도한 시청 등입니다. 여러분을 끌어내리는 것들을 피하는 것이 가장 큰 레버리지 포인트입니다. 여러분에게 해가 되는 것들을 멈추면 더 건강해지고, 행복해지고 더 성공하게 됩니다. 그리고 인간관계, 자연과 긍정적인 경험들과 같은 인생에서 좋은 것들을 즐길 수 있는 더 많은 시간과 돈을 가지게 될 것입니다.

다음 장에서는 여러분의 소프트웨어에서 핵심 소수에 집중하는데 도움을 주는 핵심 개념에 대해 알아봅니다. 여러분은 최소 기능 제품을 만드는 방법에 대해 배울 것입니다.

참고 문헌

다음은 이 장에서 사용된 참고 문헌들입니다. 자유롭게 탐구하다 보면 파레토 원리에 대한 더 많은 응용들을 찾을 수 있습니다!

- Panagiotis Louridas, Diomidis Spinellis, and Vasileios Vlachos, "Power Laws in Software," ACM Transactions on Software Engineering and Methodology 18, no. 1 (September 2008), *https://dl.acm.org/doi/10.1145/1391984.1391986*.

- 오픈 소스 프로젝트의 공헌들이 파레토 분포를 따른다는 과학적인 증거: Mathieu Goeminne and Tom Mens, "Evidence for the Pareto Principle in Open Source Software Activity," Conference: CSMR 2011 Workshop on Software Quality and Maintainability (SQM), January 2011, https://www.

researchgate.net/publication/228728263_Evidence_for_the_Pareto_principle_in_Open_Source_Software Activity

- 텐서 플로 깃헙 저장소의 커밋 분포에 관한 자료: *https://github.com/tensorflow/tensorflow/graphs/contributors/*.

- 프리랜서 개발자들의 수입 분포에 관한 필자의 블로그 기사: Christian Mayer, "What's the Hourly Rate of a Python Freelancer?" Finxter (blog), *https://blog.finxter.com/whats-the-hourly-rate-of-a-python-freelancer/*.

- 오픈 마켓이 파레토 원리를 따른다는 과학적 증거: William J. Reed, "The Pareto Law of Incomes—an Explanation and an Extension," Physica A: Statistical Mechanics and its Applications 319 (March 2003)

- 소득 분포의 프랙탈 성질을 보여주는 논문:Fatimah Abdul Razak and Faridatulazna Ahmad Shahabuddin, "Malaysian Household Income Distribution: A Fractal Point of View," Sains Malaysianna 47, no. 9 (2018).

- 여러분이 어떻게 추가 소득을 파이썬 프리랜서 개발로 얻을 수 있는지에 관한 정보: Christian Mayer, "How to Build Your High-Income Skill Python." Video, https://blog.finxter.com/webinar-freelancer/. Python Freelancer resource page, Finxter (blog), *https://blog.finxter.com/python-freelancing/*.

- 80:20 사고법의 힘을 깊게 탐구: Richard Koch, The 80:20 Principle: The Secret to Achieving More with Less, London: Nicholas Brealey, 1997.

- 미국에서 거의 50퍼센트의 소득은 10퍼센트의 사람들에 집중됨: Facundo Alvaredo, Lucas Chancel, Thomas Piketty, Emmanuel Saez, and Gabriel Zucman, World Inequality Report 2018, World Inequality Lab, https://wir2018.wid.world/files/download/wir2018-summary-english.pdf.

- 북미에서는 25퍼센트의 미만의 사람들이 행복에 10점 만점에 9 혹은 10점을 매김. 0은 가장 최악의 삶을 의미하고 10은 최상의 삶을 의미함: John Helliwell, Richard Layard, and Jeffrey Sachs, eds., World Happiness Report 2016, Update (Vol. 1). New York: Sustainable Development Solutions Network, *https://worldhappiness.report/ed/2016/*.

- 20퍼센트의 저자들이 97퍼센트의 도서 매출을 달성함: Xindi Wang, Burcu Yucesoy, Onur Varol, Tina Eliassi-Rad, and Albert-László Barabási, "Success in Books: Predicting Book Sales Before Publication," EPJ Data Sci. 8, no. 31 (October 2019). Jordi Prats, "Harry Potter and Pareto's Fat

Tail," Significance (August 10, 2011), https://www.significancemagazine.com/14-the-statistics-dictionary/105-harry-potter-and-pareto-s-fat-tail/.

- 과학자들 중에는 5.2퍼센트가 38퍼센트의 저널 기사를 게재함: Javier Ruiz-Castillo and Rodrigo Costas, "Individual and Field Citation Distributions in 29 Broad Scientific Fields," Journal of Informetrics 12, no.3 (August 2018)

3

최소 기능 제품
만들기

이 장은 에릭 리스(Eric Ries)의 책인 <린 스타트업>[1] 을 통해 대중화되어 잘 알려져 있지만 여전히 저평가된 아이디어를 다룹니다. 그 아이디어는 사용자들이 결국 사용하지 않을 기능들을 구현하는데 시간을 낭비하지 않고 여러분의 가설들을 빠르게 시험하고 검증할 수 있도록 가장 필요한 기능들 외에는 모두 제거한 제품의 버전을 의미하는 최소 기능 제품(*minimum viable product*; 이하 MVP)을 만드는 것입니다. 특히 여러분은 사용자들이 원하는 기능에 집중함으로써 소프트웨어 개발 주기의 복잡성을 급진적으로 줄이는 방법을 배우게 될 것입니다. 왜냐하면 사용자들은 여러분의 MVP로부터 많은 것을 확인했기 때문입니다.

---

1 **(역자 주)** 국내 번역본은 〈린 스타트업〉(인사이트, 2012)입니다.

이 장에서 우리는 MVP 없이 소프트웨어를 개발했을 때의 함정을 통해 MVP를 소개합니다. 그리고 그 개념을 좀 더 세부적으로 구체화하고 개발 진행을 가속화하기 위해 여러분의 프로젝트에 MVP를 어떻게 적용할지에 대한 다수의 실용적인 팁들을 제공합니다.

문제 시나리오

MVP 제작의 숨겨진 아이디어는 여러분이 스텔스 모드로 코딩할 때 발생하는 문제들과 싸우는 것입니다. **스텔스 모드(*stealth mode*)는 잠재적 사용자들로부터 어떠한 피드백도 구하지 않고 프로젝트를 끝까지 완료하는 것입니다.** 세계를 변화시킬 프로그램에 대한 놀라운 아이디어가 떠올랐다고 가정합니다. 머신러닝을 개선한 검색 엔진으로 특히 코드를 검색합니다. 여러분은 며칠 밤을 새우며 그 아이디어를 구현하기 위해 열정적으로 코딩합니다.

스텔스 모드 프로그래밍

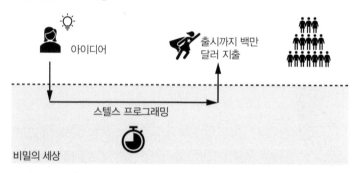

그림 3-1. **스텔스 모드 프로그래밍은 즉각적인 성공에 대한 희망으로 최종 버전을 출시할 때까지 앱을 비밀로 유지합니다. 대부분의 경우 그것은 잘못된 생각입니다.**

하지만 실제로 앱을 한 번에 코딩하여 바로 성공할 확률은 매우 희박합니다. 다음은 스텔스 모드 프로그래밍의 좀 더 가능성 있는 결과입니다.

여러분은 재빠르게 프로토타입을 개발합니다. 하지만 검색 엔진을 사용해보니 추천 결과로 나오는 많은 검색어들이 적절하지 않음을 알게 됩니다. 퀵 정렬이 검색한다면 "# 이것은 퀵 정렬이 아님"이라는 주석이 달린 병합 정렬의 코드가 검색될 수 있습니다. 이것은 옳지 않습니다. 그래서 검색 모형을 계속 변경합니다. 하지만 한 개의 키워드의 검색 결과를 개선할 때마다 다른 검색 결과에서 새로운 문제가 발견됩니다. 그렇게 여러분은 결코 행복해질 수 없으며, 결국 다음 세 가지 이유로 여러분이 만든

형편없는 코드 검색 엔진은 세상에 나올 수 없게 됩니다. 누구에게도 유용하지 않을 것 같기 때문입니다. 처음 사용자들은 그것이 프로페셔널하고 세련되지 않았기 때문에 여러분의 웹 사이트에 부정적인 평판을 형성할 것입니다. 그리고 경쟁자가 여러분의 형편없이 구현된 제품을 보고 그것보다 더 좋은 방법으로 구현할 것입니다. 이러한 우울한 생각들이 여러분의 자신감과 동기 부여를 떨어뜨리고 앱 개발 진도는 0으로 떨어집니다.

그림 3-2는 스텔스 모드 프로그래밍이 어떻게 망가지는지 그 과정을 보여줍니다.

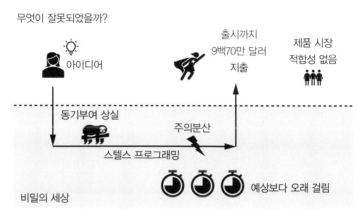

그림 3-2. **스텔스 모드 프로그래밍의 공통적 함정**

동기부여 상실

스텔스 모드에서 여러분은 혼자 아이디어를 가지고 있고 주기적으로 의심이 들 것입니다. 프로젝트에 대한 초기의 열망이 크기 때문에 처음에는 의심에 저항하지만 프로젝트 작업을 계속할수록 의심은 커져만 갑니다. 아마도 이미 존재하는 유사한 도구를 발견하거나 결코 완료하지 못할 것이라고 믿기 시작합니다. 동기부여 상실은 프로젝트를 완전히 죽일 수 있습니다.

한편 여러분이 도구의 최초 버전을 발표한다면 얼리 어답터로부터 격려를 받아 동기부여를 지속하고 사용자들의 피드백을 적용하여 도구를 개선하거나 문제점들을 극복할 수 있습니다. 그렇게 외부적 동기부여를 받게 됩니다.

주의 분산

만약 스텔스 모드로 혼자 일하면 매일 주의력이 분산되는 것을 외면하기 어렵습니다. 일상적인 일들이 있고 가족과 친구들과도 시간을 보내야 하고 다른 생각들이 마음에 떠오릅니다. 요즘에는 많은 기기들과 서비스들에 의해 주의력이 쉽게 분산됩니다. 스텔스 모드로 일하는 기간이 길어질수록 여러분의 제품을 개선하여 완료할 확률은 낮아집니다.

MVP는 타임 투 마켓을 줄여 주의가 분산되는 것과 싸워 여러분의 주의를 집중하는 데 도움을 주는 즉각적인 피드백을 받는 환경을 제공합니다. 누가 알겠어요 혹시 앱 개발을 가속화하는데 노움을 주는 열성적인 초기 사용자를 만날지 모르는 일입니다.

기한 넘김

프로젝트 완료에 대한 또 다른 강력한 적은 계획 오류입니다. 제품을 만드는데 60시간이 들 것으로 가정합시다. 따라서 여러분은 초기에 한 달 동안 매일 2시간씩 작업하려고 합니다. 하지만 수행해야 하는 연구, 외부적 주의 분산, 예상하지 못한 이벤트와 반드시 고쳐야 하는 버그들로 인해 더 많은 지연이 발생할 수 있습니다. 무수한 요소들이 계획된 프로젝트 기간을 증가시키고 줄어들 요소는 거의 없습니다. 계획한 첫 달이 끝나면 진도는 예상한 데까지 진행되지 못하고 동기 부여가 상실되는 악순환에 빠지게 됩니다.

MVP는 모든 불필요한 기능들을 걷어냅니다. 따라서 여러분의 계획 실수는 거의 없을 것이며 진도는 훨씬 예측 가능해집니다. 더 적은 기능을 가지면 잘못될 것도 거의 없어집니다. 게다가 프로젝트의 예측 가능성이 높아질수록 프로젝트에 노력과 열정을 투자한 당신과 팀원들은 프로젝트 성공을 더 신뢰할 수 있습니다. 투자자들과 이해관계자들은 예측 가능성을 사랑합니다.

응답 부족

낮은 동기부여를 극복하고 제품 개발을 완료했다고 합시다. 여러분은 마침내 출시했으나 아무 일도 일어나지 않습니다. 오직 일부의 사용자들이 확인했으나 그다지 열정적이지 않습니다. 어떤 소프트웨어 프로젝트의 가장 가능성 높은 결과는 침묵입니다. 긍정적인 피드백도 부정적인 피드백도 없습니다. 공통적인 이유는 여러분의 제품이 사용자들이 필요로 하는 어떤 가치를 전달하지 않았기 때문입니다. 처음부터 제품 시장 적합성을 발견하기란 거의 불가능합니다. 개발 기간 동안 현실에서 어떠한 피드백도 얻지 못했다면 프로젝트는 현실로부터 점점 멀어지고 어느 누구도 사용하지 않을 기능만 개발하게 될 것입니다.

MVP는 제품 시장 적합성을 더 빠르게 찾을 수 있도록 도와줍니다. 왜냐하면 이 장의 나중에 보게 될 내용처럼 MVP 기반의 접근방식은 고객들이 가장 원하는 문제를 직접 해결하여 고객들의 참여를 높이고 초기의 제품 버전에서 고객들의 목소리를 반영할 수 있게 됩니다.

잘못된 가정

스텔스 모드가 실패하는 주요 원인은 여러분의 예측이 있습니다. 여러분은 누가 사용할지, 그들이 생계수단으로 무엇을 하는지, 그들이 직면한 문제들은 무엇인지 혹은 그들이 여러분의 제품을 얼마나 자주 사용할 것인지 등에 대한 수많은 예측들을 기반으로 프로젝트를 시작합니다. 이러한 예측은 자주 틀리고 외부의 검증이 없으면 여러분은 맹목적으로 실제 사용자들은 원하지도 않는 제품을 만들게 됩니다. 피드백이 없거나 부정적인 피드백만 받게 되면 개발에 대한 동기가 떨어지게 됩니다.

필자가 등급에 따른 파이썬 코드 퍼즐들을 풀 수 있는 핀스터(Finxter.com) 앱을 제작할 때 대부분의 사용자들은 컴퓨터 공학 학생들이라고 가정했습니다. 왜냐하면 필자인 제가 그랬거든요.(현실: 대부분의 사용자들은 컴퓨터 공학자들이 아니었습니다.) 사용자들은 필자가 앱을 릴리스하면 방문할 것으로 가정했습니다.(현실: 누구도 초기에는 방문하지 않았습니다.) 많은 사용자들이 핀스터에서 성공한 것을 그들의 SNS 계정에 공유할 것으로 가정했습니다.(현실: 오직 소수의 사용자들만 그들의 코딩 등급을 공유하였습니다.) 사용자들은 본인만의 코드 퍼즐 답을 제출할 것으로 가정했습니다.(현실: 수십만 명의 사용자들 중에 오직 몇 안되는 사람들만 코드 퍼즐의 답을 제출했습니다.) 사용자들이 컬러와 이미지들로 화려하게 장식된 디자인을 원할 것으로 가정했습니다.(현실: 단순하고 괴짜스러운 디자인에서 더 활발한 사용자 행동이 이어졌습니다. 단순한 디자인에 대해서는 8장을 참고하세요.) 이러한 잘못된 가정들로 인해 실제 사용자들은 원하지도 않는 많은 기능들을 구현하는데 수십 시간이 낭비되었습니다. 다행히 수백 시간은 아니었습니다. 필자가 미리 알았다면 MVP로 이러한 가정들을 시험하고 사용자들의 피드백에 대응하여 시간과 에너지를 절약하고 프로젝트의 성공 가능성을 높였을 것입니다.

불필요한 복잡성

스텔스 프로그래밍의 또 다른 문제는 불필요한 복잡성입니다. 그림 3-3과 같이 4개의 기능들을 포함하는 소프트웨어 제품을 구현한다고 가정합니다. 운이 좋게도 시장에서 통했습니다. 여러분은 4개의 기능들을 구현하는데 상당한 시간을 썼고 전체 4개의 기능들을 모두 강화하여 긍정적인 피드백을 받습니다. 소프트웨어 제품의 모든 향후 버전들에는 미래에 추가될 기능들과 함께 이들 4개의 기능들이 포함되어 있을 것입니다.

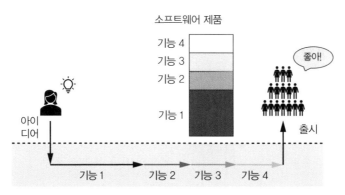

그림 3-3. **4개의 기능들을 포함한 값진 소프트웨어 제품**

하지만 그림 3-4와 같이 한 번에 한 개 혹은 두 개의 기능들이 아닌 4개의 기능들을 한꺼번에 배포하였기 때문에 여러분은 시장에서 어떤 기능들의 부분 집합이 통하고 혹은 선호되는지 알 수 없습니다.

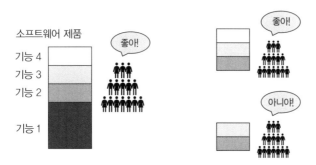

그림 3-4. **어느 기능들의 부분집합이 시장에서 통할까?**

예를 들어 기능 1은 구현하는 데는 가장 많은 시간을 쏟았지만 완전히 부적절할 수도 있습니다. 동시에 기능 4는 시장에서 원하는 가장 값진 기능일 수도 있습니다. N개의 기능들을 조합하여 소프트웨어 제품을 만들면 최대 개의 서로 다른 조합이 발생합니다. 그것들을 모아서 출시하면 어느 것이 가치 있고 어느 것이 시간 낭비인지 어떻게 알 수 있을까요?

잘못된 기능들을 구현하는 비용은 이미 높고 잘못된 기능들의 묶음을 배포하게 되면 불필요한 기능들까지 유지하는 누적 비용도 함께 발생합니다.

- 더 길고 무거운 기능을 가진 프로젝트는 전체 프로젝트를 "로딩"하는데 오래 걸립니다.

- 각 기능은 새로운 버그를 만들 위험이 존재합니다.
- 추가되는 코드 라인으로 인해 프로젝트를 열고, 로딩하고 컴파일하는 시간이 증가합니다.
- N번째 기능들을 구현하려면 그 기능이 기존의 1부터 N-1 기능들과 충돌하지 않는지 확인해보아야 합니다.
- 모든 새로운 기능은 다음 버전이 출시하기 전에 새로운 단위 테스트를 컴파일하고 실행해봐야 합니다.
- 새로운 기능이 추가되면 프로그래머가 이해하는데 더 복잡해지고, 프로젝트에 합류할 새로운 프로그래머들의 학습 시간이 증가합니다.

이것이 완전한 목록은 아니지만 여러분은 요점을 알게 되었습니다. 각 기능이 x% 만큼 미래의 기능 구현의 비용을 증가시키므로, 불필요한 기능들을 유지하면 자릿수가 바뀔 만큼 코딩 생산성이 떨어질 수 있습니다. 여러분의 프로젝트에 체계적으로 불필요한 기능들을 유지할 여유가 없습니다!

따라서 의문이 생깁니다. 스텔스 모드 프로그래밍이 성공하지 못한다면 그 해법은 무엇인가?

최소 기능 제품 만들기

해법은 단순합니다. 일련의 MVP들을 만드는 것입니다. *사용자들은 파이썬 퍼즐 푸는 것을 좋아한다*와 같은 명시적인 가설을 세우고 오직 그 가설을 입증하는 프로젝트를 만듭니다. 그 가설을 입증하는 데 도움이 되지 않는 모든 기능들을 제거하고 필수적인 기능으로 MVP를 만드세요. 배포할 때마다 단지 하나의 기능을 구현함으로써 여러분은 어떤 기능이 시장에서 통하고 어느 가설이 참인지 더욱 철저하게 이해합니다. 하지만 어떠한 경우에도 복잡성은 피하세요. 결국 사용자들이 파이썬 퍼즐 푸는 것을 즐기지 않는다면 핀스터 웹 사이트 구현을 계속할 이유가 있을까요? 현실의 시장에서 여러분의 MVP를 시험하고 그것이 통하는지 여부를 분석하였다면 그다음으로 중요한 기능을 추가하여 두 번째 MVP를 만들 수 있습니다. 일련의 MVP들을 통해 올바른 제품을 찾아가는 전략을 묘사하는 단어가 바로 빠른 프로토타이핑(*Rapid prototyping*)입니다. 각 프로토타입은 이전의 출시에서 배운 것을 기반으로 만들고 이것은 최소한의 시간과 노력으로 최대의 학습을 가져오도록 설계됩니다. 여러분은 *제품 시장 적합도*를 찾기 위해 *조기에 그리고 자주 배포합니다*. 이를 통해 제품의 목표 시장이 초기에는 매우 작더라도 여러분의 목표 시장의 제품 필요와 욕구를 찾아가게 됩니다.

코드 검색 엔진을 사용한 예를 봅니다. 여러분은 먼저 검증할 가설(예, 프로그래머는 코드를 검색하고 싶다)을 설정합니다. 코드 검색 엔진 앱의 첫 번째 MVP는 어떤 형태가 될지 생각해보세요. 셸 기반의 API? 정확히 단어가 매칭되는 모든 오픈 소스 깃헙 프로젝트들에 대해 데이터베이스 질의를 수행하는 백엔드 서버? 첫 번째 MVP는 주요 가설을 입증해야 합니다. 그러므로 이 가설을 입증힐 가장 딘순한 방법을 결정하고, 입력된 질의문에 대해 자동으로 결과를 반환하는 세련된 백엔드는 따로 구현하지 않고 사용자 UI를 만든다는 통찰력을 얻게 됩니다. 이를 통해 입력란을 가진 웹 사이트를 개발하고 개발된 사이트를 개발자 그룹과 소셜 미디어에 공유하고 광고에 약간의 돈을 투자하여 초기 트래픽을 유발합니다. 앱 인터페이스는 단순합니다. 사용자는 그들이 검색하고자 하는 코드를 입력하고 검색 버튼을 누릅니다. 검색 결과는 아직 최적화하지 않습니다. 최적화는 첫 번째 MVP의 주요 목적이 아닙니다. 대신 여러분은 단순히 구글의 검색 결과를 빠르게 후처리하여 중계하기로 결정합니다. 요점은 예를 들어 먼저 100개의 검색 질의문들을 수집하여 여러분이 검색 엔진 개발을 시작하기도 전에 사용자들이 원하는 공통적인 행동 패턴들을 찾는 것입니다.

여러분은 데이터를 분석하고 90퍼센트의 검색 질의문이 오류 메시지와 연관되어 있다는 것을 발견합니다. 프로그래머들은 단순히 검색창에 오류 메시지를 복사하고 붙여 넣습니다. 게다가 90개의 질의문 중 60개가 자바 스크립트 관련이라는 것을 알게 됩니다. 따라서 초기 가설이 입증되었습니다. 프로그래머들은 진짜로 코드를 검색합니다. 하지만 여러분은 대부분의 프로그래머들이 이른바 기능보다는 오류를 검색한다는 값진 정보를 얻었습니다. 이 분석을 기반으로 두 번째 MVP는 범용적인 코드 검색 엔진에서 오류 검색 엔진으로 세분화합니다. 이러한 방식으로 여러분의 제품을 실제 사용자의 필요에 맞춰가고, 빠르게 배우고 배운 것을 유용한 제품으로 통합하여 세부 영역의 프로그래머들로부터 더욱 참여적인 피드백을 받습니다. 여러분이 더 많은 끌어당김과 시장에 대한 통찰력을 얻게 되면서 다른 프로그래밍 언어들과 질의 타입들로 제품을 확장할 수 있습니다. 첫 번째 MVP가 없었다면 모든 사람들이 사용하고 싶어 하는 오류 메시지 검색 기능은 개발되지 않았을 것이고 아마도 코드에서 임의적인 패턴들을 찾아내는 정규 표현식과 같이 거의 아무도 쓰지 않는 기능들을 개발하느라 수개월을 낭비했을 것입니다.

그림 3-5는 소프트웨어 개발과 제품 창조에 관한 최적 표준을 보여줍니다. 첫째, 사용자들이 여러분의 제품을 사랑할 때까지 반복적으로 MVP를 출시하여 제품 시장 적합성을 찾습니다. MVP들을 연속적으로 출시하게 되면 시간이 지나면서 사용자의 흥미를 유발하며 사용자의 피드백으로부터 소프트웨어 제품의 핵심 아이디어를 개선하

게 됩니다. 제품 시장 적합성에 도달하는 즉시 새로운 기능들을 한 번에 하나씩 추가합니다. 오직 핵심 사용자 지표들을 개선하는 기능들만 제품에 남아있게 됩니다.

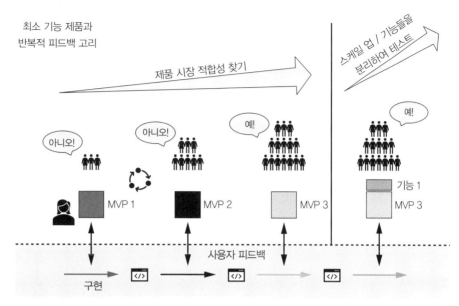

그림 3–5. **소프트웨어 개발의 두 단계들: (1) 반복적인 MVP 출시로 제품 시장 적합성을 찾고 시간이 흐르면서 관심을 형성 (2) 주의깊게 설계된 분리 테스트들을 통해 새로운 기능들을 추가하고 입증하며 스케일 업**

예를 들어 핀스터(Finxter.com) 앱을 개발할 때 처음부터 MVP 법칙을 따랐다면 아마도 코드 퍼즐들을 공유하는 단순한 인스타그램 계정을 만들고 사용자들이 그것들을 즐겁게 푸는지 확인할 것입니다. 어떠한 검증없이 핀스터 앱을 만드느라 일 년을 쓰는 대신에 소셜 네트워크에 퍼즐들을 공유하는데 수 주 혹은 몇 달로 기간을 줄였을 것입니다. 그리고 나서 커뮤니티와 상호작용하며 배운 교훈들을 가지고 코딩 퍼즐들과 그 해답을 가진 전용 웹 사이트와 같은 좀 더 많은 기능들을 포함하여 두 번째 MVP를 만듭니다. 이 방법은 적은 시간으로 핀스터 앱을 개발하고 불필요한 기능들도 적게 만들 수 있습니다. 모든 불필요한 기능들을 제거한 MVP를 만든다는 교훈은 힘들게 배운 교훈 중 하나입니다.

에릭 리스의 <린 스타트업>은 어떻게 십억 달러 회사인 드롭박스(Dropbox)가 유명하게 MVP 접근법을 채택했는지 보여줍니다. 클라우드에서 폴더 구조를 동기화하는 기능성과 같은 드롭박스의 복잡한 기능을 구현한다는 검증되지 않는 아이디어에 시간과 노력을 쓰는 대신에 창업자는 제품에는 탑재하지 않고 단순한 제품 영상을 통해 아이디어를 검증하였습니다. 이 기능을 구현했다면 서로 다른 운영체제들을 긴밀하게 통합하고 레플리카(replica) 동기화와 같은 부담되는 분산 시스템들을 구현해야만

합니다.

끊임없는 반복을 통해 검증된 드롭박스 MVP에는 사용자들의 삶을 단순하게 만드는 수많은 기능들이 핵심 프로젝트에 포함되었습니다. 이후에 같은 개념은 소프트웨어 산업을 포함하여 다른 산업에 있는 수천 개의 회사들에서도 성공적으로 검증되었습니다.

만약 시장에 있는 사용자들이 여러분의 제품을 사랑하고 그것에 가치를 부여한다면 여러분은 단지 단순하고 잘 만들어진 MVP를 통해 제품 시장 적합성을 달성할 수 있습니다. 그다음 반복적으로 MVP를 발전시키세요.

MVP 기반의 접근법을 소프트웨어 개발에 적용할 때 한 번에 한 개의 기능을 추가하는 것이 중요한 데, 그 이유는 어느 기능을 유지하고 혹은 거부할지 식별할 수 있기 때문입니다. MVP 소프트웨어 창조의 마지막 단계는 *분리 테스팅*입니다. 새로운 기능들을 모든 사용자들에게 즉시 배포하는 대신 일부의 사용자들에게 새로운 제품을 출시하고 암묵적 혹은 명시적인 반응을 관찰하는 것입니다. 예를 들어 여러분이 보고자 하는 지표인 웹 사이트에 머무는 평균 시간의 증가했을 때 그 기능을 채택하는 것입니다. 그렇지 않으면 그 기능을 제거하고 이전 버전을 유지합니다. 이미 투입된 시간과 에너지는 희생되었지만 여러분의 제품은 가능한 단순하게 유지되어 애자일하고 유연하고 효율적입니다. 분리 테스트를 통해 여러분은 데이터 기반의 소프트웨어 개발에 관여하게 됩니다.[2]

최소 기능 제품을 위한 4개의 축

MVP 사고법을 기반으로 여러분의 첫 번째 소프트웨어를 만든다면 다음 4개의 축을 기억하세요.

기능성(Functionality) 제품은 사용자에게 명확하게 표현된 기능들을 제공하고 잘 동작해야 합니다. 기능이 고도로 효율적인 방식으로 제공될 필요는 없습니다. 챗봇 MVP의 경우 단순히 개발자인 여러분이 사용자와 직접 채팅을 할 수도 있습니다. 확장성은 전혀 없지만 여러분은 고품질의 채팅 기능을 제공하게 됩니다. 비록 앞으로 어떻게 경제적으로 이 기능을 지속할지는 차치하고 말입니다.

디자인(Design) 제품은 잘 디자인되고 집중적이어야 하며 그 디자인은 목표 틈새 (niche) 고객에게 제공할 가치를 지원합니다. MVP를 만들 때 공통적인 실수 중

---

2 (역자 주) 몇 해 전 역자가 만난 지인은 스포티파이(Spotify)라는 해외 유명 기업에 근무하고 있었는데 실제로 A/B 테스트 같은 분리 테스트 기법을 실무에서 적극 활용하고 있었습니다.

하나는 그 인터페이스가 핵심 기능을 제대로 반영하지 않는 것입니다. 디자인은 간단해도 되지만 가치를 제안해야 합니다. 구글 검색을 생각해보세요. 검색 엔진의 최초 버전이 나왔을 때 그들은 디자인에 많은 노력을 들이지 않았습니다. 하지만 그들이 제공하려는 검색 기능 자체에 집중하였습니다.

신뢰성(Reliability) 단지 제품이 최소이기 때문에 신뢰할 수 없다는 의미는 아닙니다. 테스트 케이스를 만들고 코드에 있는 모든 기능들을 철저하게 테스트하세요. 그렇지 않으면 MVP에서 얻는 교훈들은 비신뢰성으로 인한 부정적인 사용자 피드백으로 오염되고 기능들에 대한 직접적인 피드백을 받을 수 없습니다. 기억하세요. 최소한의 노력으로 최대한의 학습을 추구해야 합니다.

사용성(Usability) MVP는 사용하기 쉬워야 합니다. 기능들은 분명하게 연결되고 디자인은 그것을 지원해야 합니다. 사용자들은 무엇을 해야 할지 혹은 어느 버튼을 눌러야 할지 알아내는데 많은 시간을 들여서는 안됩니다. MVP는 풍부한 상호작용할 수 있도록 즉각적으로 반응하고 빨라야 합니다. 이때는 집중적이고 최소주의적인 디자인이 효과적입니다. 한 개의 버튼과 한 개의 입력창만 존재하는 페이지는 사용하기 쉽습니다. 구글 검색 엔진의 초기 프로토타입은 대표적 사례로 지난 20년 이상 그 유용성이 입증되었습니다.

많은 사람들이 MVP의 이러한 특징들을 오해합니다. 그들은 MVP가 극단적인 최소주의자 버전의 제품이기 때문에 제공하는 가치도 낮고 사용성도 떨어지고 성의없는 디자인을 제공할 것으로 오해합니다. 하지만 최소주의자는 MVP의 간결성이 실제로 나태한 제품 창조가 아니라 하나의 핵심적인 기능성에 엄격하게 집중한 결과라는 것을 압니다. 드롭박스의 경우 효과적인 쇼케이스 영상을 만드는 것이 서비스 자체를 구현하는 것보다 쉬웠습니다. MVP는 위대한 기능성, 디자인, 신뢰성과 사용성을 제공하는 고품질의 제품입니다.

최소 기능 제품의 장점들

MVP 기반의 소프트웨어 설계의 장점은 다양합니다.

- 가설을 가능한 저 비용으로 테스트할 수 있습니다.
- 어떤 기능이 필요하다는 것을 알기까지 실제로 코드 작성을 피할 수 있고 코드를 작성할 때 현실의 피드백을 받기 전의 작업량을 최소화합니다.
- 코드를 작성하고 버그를 찾는데 훨씬 적은 시간을 보냅니다. 그리고 개발자가 투자한 시간은 사용자들에게 더 많은 가치를 제공합니다.

- 어떤 새로운 기능을 사용자들에게 제공하면 빠른 피드백을 받습니다. 지속적인 진행으로 여러분과 여러분의 팀은 현재 기능과 그다음의 기능을 빠르게 개발할 동기가 생깁니다. 스텔스 모드 프로그래밍으로 인한 리스크를 비약적으로 줄입니다.
- 미래에 유지보수 비용을 줄입니다. MVP 접근법이 코드 기반의 복잡성을 확실히 낮추기 때문에 모든 미래의 기능들은 더 쉽고 오류도 적습니다.
- 더 빠르게 진행되고 소프트웨어 생명주기를 통해 구현이 더 쉬워집니다. 이로 인해 동기가 유지되고 성공으로 가게 됩니다.
- 제품을 더 빠르게 출시하고 그 제품으로부터 더 빠르게 돈을 벌고 여러분의 브랜드도 더 예측 가능하고 신뢰성 있게 구축할 수 있습니다.

스텔스 모드와 최소 기능 제품 접근법

빠른 프로토타이핑의 반론과 스텔스 모드 프로그래밍을 옹호하는 공통적 입장은 스텔스 프로그래밍이 여러분의 아이디어를 보호한다는 것입니다. 사람들은 그들의 아이디어가 충분히 특별하고 고유하기 때문에 만약 날것의 형태로 MVP를 출시하면 더 크고 힘이 센 회사들이 더 효율적으로 구현하여 가로챌 것으로 가정합니다. 솔직히 이것은 틀린 생각입니다.

아이디어 자체는 비싸지 않고 실행력이 왕입니다. 어떤 주어진 아이디어가 고유할 가능성은 낮으며 여러분의 아이디어는 이미 다른 사람의 머릿속에도 스쳐갔을 가능성이 높습니다. 스텔스 모드는 경쟁을 줄이기보다 심지어 다른 사람이 같은 아이디어로 작업하는 것을 부추길 것입니다. 여러분처럼 그들도 자신의 아이디어가 고유한 것으로 가정하기 때문입니다. 어떤 아이디어가 성공하기 위해서는 만든 이가 최종 실현될 때까지 밀어붙여야 합니다. 여러분이 과거를 살펴보면 성공하는 사람은 빠르고 결정적인 행동을 하고 조기에 자주 배포하고 실제 사용자들로부터 피드백을 통합하고 이전 버전을 발판 삼아 그들의 소프트웨어를 지속적으로 개선하는 사람일 것입니다. 아이디어를 비밀로 유지하는 것은 단지 성장 잠재력만 제한할 뿐입니다.

결론

어떤 코드를 작성하기에 앞서 최종 제품을 마음속에 그리고 사용자의 니즈를 생각해 보세요. MVP를 만들고 그것을 값지게 만들고 잘 설계하고 빠르게 반응하고 사용성 있게 만드세요. 절대적으로 목표를 달성하는데 필수적인 기능이 아니면 모두 제거하세요. 한 번에 하나만 집중하세요. 그리고 나서 MVP들을 빠르고 자주 배포하고 점차 더 많은 기능들을 테스트하고 추가하면서 개선하세요. 적은 것이 더 많은 것입니다! 실제로 각 기능을 구현하기보다 더 많은 시간을 들여 구현할 다음 기능에 대해 생각하세요. 모든 기능은 직접적일 뿐만 아니라 미래에 올 모든 기능을 위한 간접적인 구현 비용을 수반합니다. 분리 테스팅을 통해 두 제품 변형에 대한 사용자들의 반응을 동시에 테스트하고, 방문 유지, 페이지 체류 시간 혹은 방문 활동과 같은 핵심적인 사용자 지표들을 개선하지 못하는 기능들은 모두 제거하세요. 이로 인해 소프트웨어 개발이 단지 제품 창조와 가치 전달 과정의 한 단계에 불과함을 인정하는 비즈니스에 대한 전체론적인 접근이 가능해집니다.

다음 장에서 클린하고 단순한 코드를 작성하는 이유와 방법에 대해 배웁니다. 하지만 기억하세요. 불필요한 코드 자체를 만들지 않는 것이 클린하고 단순한 코드로 가는 가장 확실한 길입니다!

4

클린하고 단순한
코드 작성하기

클린 코드는 읽고 이해하고 고치기 쉬운 코드입니다. 가독성을 해치지 않으면서 작고 단단합니다. 클린 코드를 작성하는 것은 과학이라기보다는 예술에 가깝기 때문에 소프트웨어 공학은 다음에 나올 좀 더 클린한 코드를 작성하는데 도움을 주는 여러 원칙들에 대해 동의하고 있습니다. 이 장에서는 여러분의 생산성을 상당히 높여주고 복잡성의 문제를 해결하는 클린 코드를 작성하는 17가지 원칙들을 배웁니다.

여러분은 클린 코드와 단순한 코드의 차이점이 무엇인지 궁금할 것입니다. 두 개념은 서로 밀접하게 연관되어 있는데 그 이유는 클린 코드는 단순하고 단순한 코드는 클린한 경향이 있기 때문입니다. 하지만 여전히 클린하지만 복잡한 코드를 만날 수도 있습니다. 단순함은 복잡성의 회피할 수 있게 합니다. 클린 코드는 한 단계 더 나아가 예를 들어 주석과 표준들을 효과적으로 사용함으로써 불가피한 복잡성을 관리하는 데 도움을 줍니다.

왜 클린 코드를 작성하는가?

앞 장에서 여러분은 복잡성이 어떤 코드 프로젝트에서든 공공의 적 1호라는 것을 배웠습니다. 단순함은 여러분의 생산성, 동기부여와 코드 기반의 유지보수성을 높여줍니다. 이 장에서 우리는 이 개념에서 한 단계 더 나아가 클린 코드를 작성하는 방법에 대해 배웁니다.

클린 코드는 미래의 당신과 동료 프로그래머들 모두가 이해하기 쉽습니다. 왜냐하면 사람들은 클린 코드에 어떠한 코드를 추가하기 쉽고 협업을 위한 잠재력도 증가하기 때문입니다. 결과적으로 클린 코드는 프로젝트의 비용을 상당히 줄입니다. 로버트 C 마틴(Robert C. Martin)이 그의 책인 <클린 코드>(인사이트, 2013)에서 지적한 바에 따르면 프로그래머들은 대부분의 시간을 새로운 코드를 작성하기 위해 오래된 코드를 읽는데 보냅니다. 오래된 코드가 읽기 쉽다면 작업 진행 속도가 상당히 빨라집니다.

진실로 코드를 읽는 시간 대 코드를 작성하는 시간의 비율은 10 대 1이 충분히 넘습니다. 우리는 끊임없이 새로운 코드를 작성하는 노력의 일부로 오래된 코드를 읽습니다. 따라서 읽기 쉬운 코드를 만들면 코드를 작성하는 것도 쉬워집니다.

우리가 이 비율을 글자 그대로 수용한다면 이 관계는 그림 4-1과 같을 것입니다. x축은 주어진 코드 프로젝트에서 작성된 코드의 라인 수입니다. y축은 한 라인의 코드를 추가할 때 필요한 시간입니다. 일반적으로 한 프로젝트에서 이미 작성된 코드가 많을수록 새로운 코드를 한 라인 추가하는데 더 많은 시간이 듭니다. 이것은 클린한 코드나 더러운 코드 모두가 같습니다.

여러분이 n 라인의 코드를 작성하였고 n+1번째 코드를 작성한다고 합시다. 이 라인을 추가하는 것은 이전에 작성된 모든 코드로부터 영향을 받습니다. 예를 들어 이 코드에 작은 성능 결함이 있으면 이것이 전체 프로젝트에 영향을 미칩니다. 그 밖에 어떤 곳에 정의된 변수를 사용할 수도 있습니다. c라는 확률의 버그를 만들 수도 있고 그 버그를 찾기 위해 프로젝트 전체를 검색해야 할 수도 있습니다. 따라서 코드의 라인당 코드 작성에 필요한 기대 시간(미래에는 비용)은 증가하는 입력 n의 꾸준하게 증가하는 시간 함수 T를 가정했을 때 $c*T(n)$가 됩니다. 한 라인의 코드를 추가할 때 이전 코드로 인한 하위 호환성을 보장하기 위해 더 많은 추가적인 코드를 작성할 수도 있습니다.

더 길어진 코드는 다른 많은 복잡성을 유발합니다. 하지만 핵심에 주목하세요. 여러분이 더 많은 코드를 작성할수록 복잡성으로 인해 진도가 더 많이 느려질 것입니다.

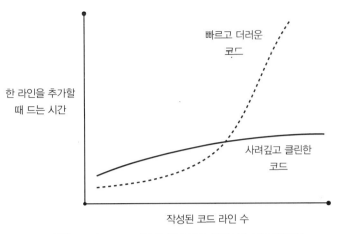

한 라인을 추가할
때 드는 시간

빠르고 더러운
코드

사려깊고 클린한
코드

작성된 코드 라인 수

그림 4-1. **클린 코드는 코드 기반의 확장성과 유지보수성을 개선함**

그림 4-1은 또한 더러운 코드와 클린 코드 작성의 차이점을 보여줍니다. 더러운 코드
는 단기적으로 작은 프로젝트에서 시간이 적게 듭니다. 만약 더러운 코드를 작성하는
데 이득이 없었다면 아무도 그렇게 하지 않았을 것입니다! 만약 100 라인의 코드 스
크립트에 모든 기능을 몰아넣었다면 그 프로젝트에 대해 고민하고 구조화하는데 많
은 시간을 들일 필요가 없습니다. 문제는 여기에 코드를 추가하면서 발생합니다. 구
조화되지 않은 모놀리식 코드는 100에서 1,000 라인으로 커지고, 충분히 고민하고
모듈, 클래스 혹은 파일 등을 사용하여 논리적으로 구조화된 사려 깊게 작성된 코드
에 비해 점점 효율성이 떨어집니다.

경험 법칙: 항상 충분히 생각하고 클린 코드를 작성하세요. 다시 생각하고 리팩터링
하고 재구조화 하는데 사용된 비용은 사소하지 않은 프로젝트에서 몇 배로 보상받을
것입니다. 그 보상은 때때로 훨씬 높을 수도 있습니다. 1962년에 미국 항공 우주국
(NASA)은 비행선을 금성으로 보낼 계획이었습니다. 하지만 소스 코드에서 하이픈(-)
을 누락한 아주 작은 버그로 인해 엔지니어들이 자기 파괴적인 명령을 내리게 만들었
습니다. 이로 인해 그 당시 1,800만 달러 상당의 로켓을 잃었습니다. 만약 코드가 더
클린했더라면 엔지니어들은 로켓 발사 전에 오류를 고쳤을지도 모릅니다.

로켓 과학에 종사하는지 여부와 관계없이 세심하게 프로그래밍하는 철학은 여러분의
미래를 유망하게 만들 것입니다. 단순한 코드는 또한 여러분의 프로젝트에 더 많은
프로그래머들과 더 많은 기능이 추가될 수 있는 확장성을 제공합니다. 왜냐하면 소수
의 프로그래머들이 프로젝트의 복잡성을 낮출 수 있기 때문입니다.

이제 클린하고 단순한 코드를 작성하는 법을 배워볼까요?

클린 코드 작성하기: 원칙들

필자는 박사 과정 기간에 분산 그래프 처리 시스템을 밑바닥부터 개발하게 되면서 클린 코드 작성에 대해 힘겹게 배웠습니다. 만약 다른 머신에 존재하는 두 개의 프로세스가 서로 메시지를 주고받는 분산 애플리케이션을 작성해봤다면 여러분은 복잡성으로 빠르게 압도될 수 있다는 것을 알 수 있습니다. 제 코드는 수천 라인으로 불어있고 버그는 자주 발생했습니다. 당시 몇주 동안 진척이 없어 매우 당황스러웠습니다. 개념적으로는 설득력이 있었으나 구현체가 동작하지 않았습니다.

한 달여를 풀타임으로 투자하여도 희망적으로 진도가 나가지 않자 필자는 마침내 코드 기반을 급진적으로 단순화하기로 결정하였습니다. 다른 변화들 가운데 코드의 기능들을 직접 구현하는 대신 라이브러리를 사용하기 시작했습니다. 나중에 쓰려고 만든 코드 블록은 제거하였고 변수와 함수들의 이름들을 바꿨습니다. 코드를 논리적 단위로 구조화하고 신(God) 클래스에 모든 기능을 몰아넣는 대신 새로운 클래스들을 생성하였습니다. 약 일주일 후에 코드의 가독성이 높아지고 다른 연구원들도 코드를 이해할 수 있게 되었고, 코드도 좀 더 효율적이고 버그도 줄었습니다. 클린 코드는 필자의 연구 프로젝트를 구했고, 필자의 좌절은 열정으로 바뀌었습니다.

여러분의 코드 기반을 개선하고 복잡성을 줄이는 것을 리팩터링(refactoring)이라고 하며 이것은 만약 여러분이 클린하고 단순한 코드를 작성하기 원한다면 소프트웨어 개발 프로세스에 반드시 예정되고 중요한 부분이 되어야 합니다. 클린 코드 작성은 주로 두 가지 사항을 마음에 깊이 명심해야 합니다. 그것은 코드를 바닥부터 다시 작성하는 최고의 방법들을 아는 것과 주기적으로 되돌아가 개정판을 만드는 것입니다. 다음의 17가지 원칙들을 통해 여러분의 코드를 클린하게 유지하는 중요한 기술들을 배웁니다. 각 원칙들은 클린 코드를 만드는 고유한 전략들을 다루지만 일부 원칙들은 서로 겹칩니다. 그런데 중복되는 원칙들을 합치지 않는 이유는 명료함과 행동성을 떨어지기 때문입니다. 이제 첫 번째 원칙을 알아봅시다!

원칙1: 큰 그림을 생각하라

만약 사소하지 않은 프로젝트를 개발한다면 아마도 다수의 파일, 모듈과 라이브러리들이 전체 응용 프로그램 내에서 상호 작용할 것입니다. 소프트웨어 아키텍처는 프로젝트의 소프트웨어 요소들이 어떻게 상호 작용하는지를 정의합니다. 좋은 아키텍처 결정은 성능, 유지보수성과 사용성의 개선에 크게 이바지합니다. 좋은 아키텍처를 만들기 위해서는 한 걸음 물러나 큰 그림에 대해 생각해야 합니다. 가장 먼저 필요한 기능들을 결정하세요. 3장의 MVP 만들기에 관한 내용을 통해 여러분은 필수적인 기능에 집중하는 법을 배웠습니다. 만약 이렇게 한다면 많은 업무를 줄일 수 있고 코드는 디자인에 맞춰 훨씬 더 클린해질 것입니다. 만약 여러분이 이미 다수의 모듈, 파일과 클래스들을 가진 첫 번째 응용 프로그램을 개발했다고 가정합니다. 어떻게 큰 그림으로 생각하는 방법을 적용하여 이것들에 우선순위를 부여할 수 있을까요? 다음의 질문을 통해 여러분의 코드를 좀 더 클린하게 만들 수 있는 방법들을 고민해보세요.

- 파일과 모듈들이 각각 모두 필요한가? 아니면 일부는 합쳐서 코드 간의 상호 의존성을 줄일까?
- 크고 복잡한 파일을 두 개의 단순한 파일로 분리할까? 두 극단 사이에는 최적 지점이 있음을 주목하세요. 완전히 읽기 불가능한 거대한 모놀리식 코드 블록과 반대편은 정신적으로 추적이 불가능할만큼 수많은 작은 코드 조각들. 어느 것도 바람직하지 않으며 그 중간 어딘가가 최적입니다. 역 U자형 곡선을 생각해보세요. 최고점은 몇 개의 큰 코드 블록과 다수의 작은 코드 블록들이 혼합된 최적 지점입니다.
- 코드를 일반화하여 라이브러리로 만들어 응용 프로그램의 메인 코드를 단순화할까?
- 라이브러리를 사용하여 내 코드의 라인 수를 줄일까?
- 동일한 결과를 중복 계산하지 않도록 캐시를 도입할까?
- 현재의 알고리즘과 동일한 결과가 나오는 좀 더 단순하고 적절한 알고리즘으로 교체할까?
- 전체 성능 향상에 도움이 되지 않는 성급한 최적화를 제거할 수 있을까?
- 현재의 문제들에 좀 더 적합한 다른 프로그래밍 언어를 도입해볼까?

큰 그림 사고는 응용 프로그램 전체의 복잡성을 극적으로 줄여주는 시간 효율적인 방법입니다. 때때로 서로 간섭하는 협업들로 인해 개발 프로세스의 후반부에는 이러한 변경이 어려울 수 있습니다. 특히 이러한 종류의 높은 수준의 생각은 윈도우 운영체제와 같이 수백만 라인의 코드로 되어 있는 응용 프로그램에서는 어려울 수 있습니다.[1] 하지만 단순히 이러한 질문들을 완전히 무시하면 안되는 이유는 작은 변경점들만 가지고는 잘못된 혹은 게으른 설계의 결함들을 해결할 수 없기 때문입니다. 만약 작은 스타트업 혹은 혼자서 작업하고 있다면 알고리즘을 바꾸는 등의 대담한 아키텍처 의사 결정하는 것은 어렵지 않습니다. 만약 대기업의 경우 그러한 유연성은 보장

---

1   **(역자 주)** 알려진 바에 따르면 윈도우즈 운영체제의 코드는 5,000만 라인 정도됩니다.

되지 않습니다. 응용 프로그램의 규모가 커질수록 대담한 결정보다는 쉽게 수정하거나 어렵지 않은 해결 방안을 채택할 확률이 높아집니다.

원칙2: 거인들의 어깨 위에 서라

바퀴를 재발명하면 거의 가치가 없습니다. 프로그래밍은 수십 년이 된 산업입니다. 세계 최고의 프로그래머들은 우리에게 잘 튜닝되고 검증된 알고리즘과 코드 기능들의 데이터베이스라는 위대한 유산을 남겼습니다. 수백만 명의 프로그래머들의 집단지성으로 접근하는 것은 한 줄의 import문을 사용하는 것처럼 단순합니다. 여러분의 프로젝트에 위대한 힘을 사용하지 않을 이유가 없습니다.

라이브러리 코드를 사용하면 코드의 효율성을 개선합니다. 수천 명의 프로그래머들이 사용했던 함수들은 직접 만드는 것보다 훨씬 최적화되어 있습니다. 게다가 라이브러리 호출은 이해하기도 쉽고 직접 작성하는 것보다 프로젝트 공간도 적게 차지합니다. 예를 들어 고객의 클러스터를 가시화하는 군집화 알고리즘을 필요로 한다고 가정합니다. 외부 라이브러리에 있는 잘 검증된 군집화 알고리즘을 임포트하고 거기에 원하는 데이터를 넘김으로써 *거인들의 어깨 위에 설 수 있습니다.* 직접 코드를 작성하는 것보다 훨씬 시간 효율적이며 그것은 이미 같은 기능을 거의 버그 없이, 공간은 더 적게 그리고 성능이 향상된 코드가 구현되어 있습니다. 라이브러리는 프로그래머들이 그들의 생산성을 수천 배 올리기 위해 숙달해야 할 주된 도구 중 하나입니다.

다음은 여러분의 시간을 절약해줄 라이브러리 코드의 예로서 x 변수에 저장된 주어진 데이터셋의 두 클러스터의 중심을 찾는 사이킷런 파이썬의 KMeans 모듈을 임포트한 두 줄의 예제입니다.

```
from sklearn.cluster import KMeans
kmeans = KMeans(n_clusters=2, random_state=0).fit(X)
```

KMeans 알고리즘을 직접 구현하려면 몇 시간이 필요하고 아마도 50줄이 넘는 코드가 추가될 것입니다. 이 코드로 인해 미래 들어올 코드의 구현 난이도가 높아질 것입니다.

원칙3: 기계가 아닌 사람을 위한 코드

여러분은 소스 코드의 주된 목적이 머신의 관점에서 무엇을 하고 그것을 어떻게 하는지를 정의한다고 생각할지 모르겠습니다. 그렇지 않습니다. 파이썬과 같은 프로그래밍 언어의 단일 목적은 사람이 코드를 작성하는 것을 돕는 것입니다. 컴파일러는 여러분의 고수준 코드를 머신이 이해할 수 있는 저 수준의 언어로 번역합니다. 맞습니다. 여러분의 코드는 결국 머신에서 동작합니다. 하지만 코드의 작성 주체는 여전히 사람이고 오늘날 소프트웨어 개발 프로세스에서는 코드는 배포되기 전에 여러 계층의 인간에 의한 판단을 거칩니다. 무엇보다도 여러분은 사람을 위한 코드를 작성하는 것이지 머신을 위한 코드를 작성하는 것이 아닙니다.

항상 다른 사람이 여러분의 소스 코드를 읽는다고 가정하세요. 여러분이 새로운 프로젝트로 이동하면 다른 사람이 여러분의 자리에서 코드 기반을 맡게 됩니다. 그들의 업무를 좀 더 쉽게 만들고 불만을 최소화할 수 있는 많은 방법들이 있습니다. 먼저 의미있는 변수 이름을 사용하여 코드의 독자들이 의도한 바를 잘 따라올 수 있도록 하세요. 코드 4-1은 형편없는 변수 이름들을 사용한 예입니다.

```
xxx = 10000
yyy = 0.1
zzz = 10

for iii in range(zzz):
    print(xxx * (1 + yyy)**iii)
```

코드 4-1. 형편없는 변수 이름을 사용한 코드

이 코드가 어떤 계산을 하는지 추측하는 것은 어렵습니다. 코드 4-2는 반대로 내용은 같은 코드지만 의미있는 변수 이름을 사용합니다.

```
investments = 10000
yearly_return = 0.1
years = 10

for year in range(years):
    print(investments * (1 + yearly_return)**year)
```

코드 4-2. 의미있는 변수 이름을 사용한 코드

이것이 훨씬 이해하기 쉽습니다. 변수 이름은 초기 투자금인 10,000을 10년 동안 10% 이율의 복리로 계산한다는 것을 나타냅니다.

우리가 이 원칙을 구현하는 모든 방법을 다룰 수는 없지만 (이후의 원칙들에서 몇 가지 접근법에 대해서는 구체적으로 배웁니다) 이 원칙은 들여쓰기, 공백, 주석, 한 라인의 길이 등과 같이 코드의 의도를 분명하게 해주는 다른 측면들을 나타냅니다. 클린 코드는 급진적으로 사람의 가독성을 최적화합니다. 국제적으로 유명한 소프트웨어 공학의 전문가이자 유명한 책인 <리팩터링>의 저자인 마틴 파울러는 다음과 같이 주장합니다. "어떤 바보도 컴퓨터가 이해할 수 있는 코드를 작성할 수 있다. 좋은 프로그래머들은 사람들이 이해할 수 있는 코드를 작성한다."

원칙4: 올바른 이름을 사용하라

경험 많은 프로그래머들은 함수, 함수의 인자, 객체, 메서드와 변수들에 대해 암묵적 혹은 명시적으로 특정한 형태의 명명 규약에 대체로 동의합니다. 모든 사람들이 이러한 규약을 지키면 코드의 가독성이 높아지고 이해하기 쉽고 덜 지저분해집니다. 만약 여러분이 이러한 규약을 어기면 여러분의 코드를 읽는 사람들은 그 코드가 덜 숙련된 프로그래머에 의해 작성되었다고 가정하고 아마도 여러분의 코드를 진지하게 대하지 않을 수 있습니다.

이러한 규약들은 프로그래밍 언어에 따라 다를 수 있습니다. 예를 들어 자바의 경우 변수와 함수의 이름을 지을 때 카멜 표기법(예, camelCaseNaming)을 사용하지만 파이썬은 스네이크 표기법(예, underscore_naming)을 사용합니다. 만약 여러분이 파이썬에서 카멜 표기법을 사용한다면 코드를 읽는 사람은 혼란스러울 것입니다. 여러분은 코드를 읽을 때 주의를 분산시키는 비전통적인 명명 규약을 원하지 않습니다. 여러분은 코드의 독자들이 여러분의 코딩 스타일이 아니라 코드 자체의 기능에 집중하길 원합니다. *놀람 최소화 원칙(principle of least surprise)*에 따라 전통에 어긋나는 변수 이름들을 선택하여 다른 프로그래머들을 놀라게 할 이유가 없습니다.

따라서 소스 코드를 작성할 때는 여러분이 고려할 수 있는 이름 규칙들에 대해서 깊게 알아봅시다.

서술적인 이름을 고르기 여러분이 미국 달러(USD)를 유로화(EUR)로 환전하는 파이썬 함수를 작성한다고 합시다. 함수 이름은 f(x)보다는 usd_to_eur(amount)가 바람직합니다.

모호하지 않는 이름을 고르기 여러분은 환전 기능의 함수 이름으로 dollar_to_euro(amount)가 좋은 이름이라고 생각할 것입니다. 여전히 f(x)보다는 좋지만 usd_to_eur(amount)보다는 좋지 않습니다. 그 이유는 불필요한 모호함이 존재하기 때문입니다. 혹시 그 달러가 미국 달러, 캐나다 달러 혹은 호주 달러입니까? 여러분이 미국에 있다면 아마도 명확하게 답할 수 있겠지만 호주에 사는 프로그래머는 그 코드가 미국 달러가 아닌 다른 결과를 가정할 것입니다. 이러한 혼란을 최소화하세요.

발음하기 쉬운 이름을 고르기　대부분의 프로그래머들은 잠재의식적으로 그들의 마음속에서 코드를 소리내어 읽습니다. 만약 변수 이름이 발음하기 어렵다면 그 코드를 해독하는 문제에 주의를 빼앗기고 귀중한 정신적 공간이 소모됩니다. 예를 들어 변수 이름이 cstmr_lst라면 서술적이고 모호하지 않지만 발음하기가 어렵습니다. customer_list 변수는 좀 더 길어져도 명확한 단어의 역할을 충분히 합니다.

상수에 이름을 붙이고 매직 넘버를 사용하지 않기　여러분은 아마도 미국 달러의 합을 유로화로 환전하는 코드를 작성할 때 0.9라는 비율의 매직 넘버를 여러 번 사용했을 것입니다. 하지만 코드를 읽는 사람은 미래의 자신을 포함하여 이 숫자의 목적에 대해 생각해야 합니다. 숫자 자체로는 스스로 설명하지 않습니다. 매직 넘버를 다루는 훨씬 좋은 방법은 CONVERSION_RATE = 0.9와 같이 대문자로 된 변수 이름에 매직 넘버를 할당하고 환전 로직에서 그 변수를 사용하는 것입니다. 예를 들어 유로화의 합을 구하는 문장은 income_euro = CONVERSION_RATE * income_usd와 같이 됩니다.

명명 규약은 오직 몇 가지만 있을 뿐입니다. 이러한 빠른 팁을 넘어 명명 규약들을 배우는 가장 좋은 방법은 전문가들이 작성한 잘 만들어진 코드를 공부하는 것입니다. 예를 들어 "파이썬 명명 규약"과 같이 관련된 규약을 구글링하는 것이 좋은 시작점이 됩니다. 또한 프로그래밍 튜토리얼을 읽거나 스택오버플로우에 질문을 올리거나 오픈 소스 프로젝트의 깃헙을 체크아웃하거나 야망있는 프로그래머들이 그들의 프로그래밍 스킬을 성장시키고 서로 돕는 핀스터 블로그 커뮤니티에 가입할 수 있습니다.

원칙5: 표준을 지키고 일관성을 유지하라

모든 프로그래밍 언어에는 클린 코드를 작성하는 방법에 대한 암묵적 혹은 명시적 규칙들이 존재합니다. 열심히 프로그래밍을 하면 결국 이러한 표준들을 습득하게 될 것입니다. 하지만 별도의 시간을 들여 이러한 표준을 학습한다면 그 과정의 속도를 높일 수 있습니다.

예를 들어 *https://peps.python.org/pep-0008/*에 있는 공식 파이썬 스타일 가이드인 PEP 8에 접근할 수 있습니다. 어떤 스타일 가이드이건 PEP 8은 올바른 코드 레이아웃과 들여쓰기, 긴 라인을 자르는 방법, 한 라인의 최대 글자 수, 주석을 다는 방법, 여러분이 만든 함수에 대한 문서화와 클래스, 변수와 함수들에 대한 명명 규약 등을 정의합니다. 예를 들어 코드 4-3은 PEP 8의 가이드에 있는 서로 다른 스타일과 규약들을 사용하는 긍정적인 예를 보여줍니다. 들여쓰기는 공백 4칸으로 하기, 함수의 인수들은 일관성있게 정렬하기, 콤마로 구분된 값을 나열할 때는 공백을 1칸 사용하기와 다수의 단어들이 조합된 함수와 변수의 이름은 언더스코어(_)를 사용하기 등입니다.

```python
# 열린 구문 문자(여기서는 소괄호)를 기준으로 정렬된다.
foo = long_function_name(var_one, var_two,
                         var_three, var_four)

# 함수의 인수와 나머지 부분을 구분하기 위해 추가적인 들여쓰기를 한다.
def long_function_name(
        var_one, var_two, var_three,
        var_four):
    print(var_one)

# 내어쓰기는 레벨을 더해야 한다.
foo = long_function_name(
    var_one, var_two,
    var_three, var_four)
```

코드 4-3. **PEP 8 기준의 들여쓰기, 공백과 명명 규약의 사용**

코드 4-4는 잘못된 예를 보여줍니다. 인수들은 정렬이 되어 있지 않고, 변수와 함수 이름은 적절하게 조합되어 있지 않고 인수 목록은 1칸의 공백을 구분되어 있지 않으며 들여쓰기 수준은 공백 네 칸이 아니라 두 칸 혹은 세 칸이기도 합니다.

```python
# 세로줄을 맞추지 않았을 때, 첫 번째 줄에 인수는 없어야 한다.
foo = longFunctionName(varone,varTwo,
   var3,varxfour)

# 들여쓰기가 구별되지 않을 때는 추가적인 들여쓰기가 필요하다.
def longfunctionname(
    var1,var2,var3,
    var4):
    print(var_one)
```

코드 4-4. **파이썬에서 들여쓰기, 공백과 이름 규약을 잘못 사용함**

코드를 읽는 모든 사람들은 여러분이 알려진 표준을 지켰다고 가정합니다. 그렇지 않으면 혼란과 분노를 유발합니다.

스타일 가이드를 읽는 것은 지루한 일이기도 합니다. 규약과 표준을 배우는 좀 덜 지겨운 방법은 어디에 실수가 있고 어떻게 고치면 되는지 알려주는 린터(linters)와 통합 개발 환경(IDEs)을 사용하는 것입니다. 필자의 핀스터 팀은 일주일의 해커톤을 통해 Pythonchecker.com이라는 도구를 만들어 재미있게 여러분의 파이썬 코드를 지저분한 상태에서 최고로 클린한 코드로 리팩터링하는 것을 돕습니다. 파이썬에서 이러한 분야의 최고 프로젝트는 파이참(PyCharm)의 블랙(black) 모듈입니다. 모든 주요 프로그래밍 언어에서 유사한 도구들이 존재합니다. 단지 여러분의 프로그래밍 언어 이름에 Linter(예, *Python Linter*)라고 검색하면 그 프로그래밍 언어에 맞는 최고의 도구들을 찾을 수 있습니다.

원칙6: 주석을 사용하라

앞서 언급했듯이 기계가 아니라 사람을 위한 코드를 작성할 때 여러분은 코드를 읽는 사람들이 이해하기 쉽도록 적절한 주석들을 넣어야 합니다. 코드 4-5는 주석이 없는 코드입니다.

```
import re

text = '''
    Ha! let me see her: out, alas! She's cold:
    Her blood is settled, and her joints are stiff;
    Life and these lips have long been separated:
    Death lies on her like an untimely frost
    Upon the sweetest flower of all the field.
'''

f_words = re.findall('\\bf\w+\\b', text)
print(f_words)

l_words = re.findall('\\bl\w+\\b', text)
print(l_words)

'''
실행 결과:
['frost', 'flower', 'field']
['let', 'lips', 'long', 'lies', 'like']
'''
```

코드 4–5. **주석이 없는 코드**

코드 4-5는 정규 표현식을 사용하여 셰익스피어의 로미오와 줄리엣의 짧은 본문 조각을 분석합니다. 만약 정규 표현식에 익숙하지 않다면 코드가 무엇을 하는지 이해하기 어려울 것입니다. 심지어 의미있는 변수 이름도 도움이 되지 않습니다.

여러분의 혼란을 해결해줄 몇 개의 주석들을 코드 4-6에 표현해보겠습니다.

```
import re

text = '''
    Ha! let me see her: out, alas! She's cold:
    Her blood is settled, and her joints are stiff;
    Life and these lips have long been separated:
    Death lies on her like an untimely frost
    Upon the sweetest flower of all the field.
'''
```

❶ # 글자 'f'로 시작하는 모든 단어들을 찾음.
```
f_words = re.findall('\\bf\w+\\b', text)
print(f_words)
```

❷ # 글자 'l'로 시작하는 모든 단어들을 찾음.
```
l_words = re.findall('\\bl\w+\\b', text)
print(l_words)

'''
실행 결과:
['frost', 'flower', 'field']
['let', 'lips', 'long', 'lies', 'like']
'''
```

코드 4-6. **주석이 포함된 코드**

두 개의 짧은 주석 ❶, ❷는 정규 표현식의 패턴인 \\bf\w+\\b' 와 \\bl\w+\\b'를 사용
한 목적을 서술합니다. 여기에서 정규 표현식의 세부 내용을 다루지는 않지만 예제에
있는 주석을 통해 여러분은 정규 표현식의 문법을 이해하지 않고도 그 코드의 의미를
대략적으로 이해할 수 있습니다.

주석은 코드의 블록을 추상화하는데 쓰입니다. 예를 들어 데이터베이스에 고객 정보
를 갱신하는 다섯 줄의 코드가 있다면 코드 4-7처럼 코드 블록의 앞에 짧은 주석을 넣
어 그 블록을 설명합니다.

❶ # 다음 주문을 처리
```
order = get_next_order()
user = order.get_user()
database.update_user(user)
database.update_product(order.get_order())
```

❷ # 주문을 선적 & 고객에게 확인
```
logistics.ship(order, user.get_address())
user.send_confirmation()
```

코드 4-7. **주석 블록은 코드의 개요를 설명함**

코드는 온라인 상점에서 고객의 주문을 처리하는 두 상위 단계인 다음 주문을 처리❶
과 주문을 선적❷를 설명합니다. 주석을 통해 여러분은 각 메서드 호출을 해독할 필
요없이 코드의 목적을 빠르게 이해할 수 있습니다.

주석을 사용해 프로그래머들에게 잠재적으로 발생할 수 있는 바람직하지 않은 결과
들을 경고할 수 있습니다. 예를 들어 코드 4-8은 ship_yacht( ) 함수를 호출할 때 실제
로 고가의 요트가 고객에게 선적된다는 것을 경고합니다.

```
###########################################################
# 경고                                                    #
# 이 함수 실행은 $1,569,420 의 요트를 선적함!!              #
###########################################################
def ship_yacht(customer):
    database.update(customer.get_address())
    logistics.ship_yacht(customer.get_address())
    logistics.send_confirmation(customer)
```

코드 4-8. **주석을 사용하여 경고**

주석은 표준을 정확히 적용하는 것뿐만 아니라 훨씬 더 많은 유용한 방법이 존재합니
다. 주석을 작성할 때는 사람을 위한 코드라는 원칙을 여러분의 머릿속에 최우선 순
위로 명심하기 바랍니다. 경험이 많은 프로그래머들이 작성한 코드를 읽으면서 여러
분은 말로 표현되지 않은 법칙들을 효과적으로 그리고 시간이 흐르면서 거의 자동적
으로 흡수할 수 있습니다. 여러분이 작성한 코드에 대해서는 여러분이 전문가이기 때
문에 도움이 되는 주석들은 외부인들에게 여러분의 생각을 즉시 전할 수 있습니다.
다른 사람들에게 여러분의 통찰력을 공유하는 것을 잊지 마세요.

원칙7: 불필요한 주석들을 피하라

이 원칙은 모든 주석들이 코드를 더 잘 이해하는데 도움이 되지는 않는다는 의미입니
다. 어떤 경우에 주석들은 실제로 명료성을 낮추고 코드 기반을 읽는 사람들을 혼란
스럽게 합니다. 클린 코드를 작성하기 위해 여러분은 가치 있는 주석들을 사용할 뿐
만 아니라 불필요한 주석들은 제거해야 합니다.

컴퓨터 공학 연구원으로 있을 때 실력이 좋은 내 학생은 성공적으로 구글에 지원했습
니다. 그는 나에게 구글 헤드헌터들이 불필요한 주석들이 너무 많다고 그의 코드 스
타일을 비판했다고 말했습니다. 여러분의 주석을 평가하면 여러분이 초보자, 중급자
혹은 전문가 프로그래머인지 그 수준을 알아낼 수 있습니다. 스타일 가이드 위반, 게
으르거나 엉성한 주석, 혹은 특정 프로그래밍 언어에는 부자연스러운 코드 작성과 같

은 코드에 있는 이슈들을 코드 스멜이라고 부르며 이것들은 코드에 잠재적인 문제점들을 암시하고 프로그래밍 전문가들은 먼 거리에서도 그것들을 짚어낼 수 있습니다.

그렇다면 어느 주석들을 제거해야 할지 어떻게 알 수 있을까요? 대부분의 경우에 주석은 중복되는 경우 불필요합니다. 예를 들어 의미있는 변수 이름들을 사용했다면 코드는 그 자체로 설명이 가능하고 라인 단위의 주석은 필요하지 않습니다. 의미있는 변수 이름을 사용한 코드 4-9를 봅시다.

```
investments = 10000
yearly_return = 0.1
years = 10

for year in range(years):
    print(investments * (1 + yearly_return)**year)
```

코드 4-9. **의미있는 변수 이름들을 사용한 코드 조각**

코드가 연 10% 이율로 10년간의 누적 투자 수익을 계산한다는 것은 이미 분명합니다. 인수를 위해 불필요한 주석들을 코드 4-10에 붙여 봅시다.

```
investments = 10000   # 초기 투자금. 필요시 변경 가능
yearly_return = 0.1   # 연 이율 (예 0.1 --> 10%)
years = 10 # 복리로 계산할 연 수

# 각 연도로 이동
for year in range(years):
    # 해당 년의 투자 수익을 출력
    print(investments * (1 + yearly_return)**year)
```

코드 4-10. **불필요한 주석들**

코드 4-10에 있는 모든 주석들은 불필요합니다. 어떤 주석들은 여러분이 덜 의미있는 변수 이름을 선택했을 경우 유용할 수도 있지만 yearly_return 변수의 의미를 연간 투자 수익으로 또다시 언급하는 것은 군더더기입니다.

일반적으로 주석이 필요한지 아닌지 여부를 판단할 때는 상식을 따르는 것이 맞지만 다음과 같은 주요 설명 지침들이 있습니다.

인라인 주석을 사용하지 않기   의미있는 변수 이름들을 선택하면 전적으로 피할 수 있습니다.

분명한 주석을 추가하지 않기   코드 4-10에서 for 반복문을 설명하는 주석은 불필요합니다. for 반복문은 거의 모든 프로그래머가 알기 때문에 for year in range(−

years) 표현식에 대해 # 각 연도로 이동이라는 주석에는 아무런 가치가 없습니다.

옛날 코드를 주석 처리하지 않기–지우자 우리 프로그래머들은 종종 사랑스러운 예전 코드들을 붙잡고 심지어는 마지못해 그것들을 지우기로 결정한 후에도 단지 주석처리 해두는 경우가 있습니다. 이것은 코드의 가독성을 죽입니다! 항상 불필요한 코드를 지우세요. 마음의 평화를 위해 프로젝트의 이전 초안들을 저장할 수 있는 깃과 같은 형상 관리 도구를 사용하세요.

문서화 기능을 사용하기 파이썬과 같은 많은 프로그래밍 언어는 기본적으로 여러분의 코드에 있는 각 함수, 메서드와 클래스의 목적을 설명하는 문서화 기능을 내장합니다. 이들 각각이 오직 한 개의 책임(원칙 10 참고)을 가지고 있다면 코드에 주석을 추가하는 대신 문서화 기능을 사용하는 것으로 충분합니다.

원칙8: 놀람 최소화 원칙

놀람 최소화 원칙은 어떤 시스템의 컴포넌트가 대부분의 사용자들이 예상하는 대로 동작해야 한다는 것을 의미합니다. 이 원칙은 효과적인 응용 프로그램과 사용자 경험을 설계하는 황금률 중 하나입니다. 예를 들어 여러분이 구글 검색 엔진을 열었다면 단지 여러분이 예상한 대로 놀람없이 커서가 입력 창에 있어야 사용자는 바로 검색어를 입력할 수 있습니다.

클린 코드는 또한 설계 원칙을 레버리지 합니다. 여러분이 사용자 입력을 받아 미국 달러에서 중국 인민화로 바꾸는 환전 계산기를 작성한다고 합시다. 사용자 입력은 변수에 저장합니다. 이때 변수 이름은 user_input과 var_x 중 어떤 것이 좋을까요? 놀람 최소화 법칙을 적용하면 이 질문에 답할 수있습니다.

원칙9: 반복하지 않기

반복하지 않기(DRY, Don't Repeat Yourself) 원칙은 널리 알려진 원칙으로 중복된 코드를 피하는 것을 권합니다. 예를 들어 코드 4-11의 파이썬 코드를 봅니다. 이 코드는 쉘에 같은 문자열을 다섯 번 출력합니다.

```python
print('hello world')
print('hello world')
print('hello world')
print('hello world')
print('hello world')
```

코드 4–11. hello를 다섯 번 출력

코드 4-12가 훨씬 덜 반복적으로 보입니다.

```
for i in range(5):
    print('hello world')
```

코드 4-12. **코드 4-11에서 발견된 중복을 줄이기**

코드 4-12에 있는 코드는 코드 4-11처럼 hello world를 다섯 번 출력하지만 중복되지
않았습니다.

함수들은 또한 중복을 줄이는 유용한 도구입니다. 코드 4-13처럼 마일에서 킬로미터
로 변환하는 코드가 여러 군데 존재한다고 합시다.

먼저 miles라는 변수를 만들고 거기에 1.60934를 곱해서 킬로미터로 변환합니다. 두
번째 20에 1.60934를 곱해서 20마일을 킬로미터로 변환하여 distance라는 변수에 저
장합니다.

```
miles = 100
kilometers = miles * 1.60934

distance = 20 * 1.60934

print(kilometers)
print(distance)

'''
실행 결과:
160.934
32.1868
'''
```

코드 4-13. **마일을 킬로미터로 두 번 변환**

마일을 킬로미터로 변환하기 위해 여러분은 1.60934 값을 곱하는 동일한 곱셈 절차
를 두 번 반복하였습니다. DRY 원칙은 코드에서 명시적으로 같은 변환을 여러 번 실
행해야 할 때 코드 4-14처럼 miles_to_km(miles) 함수를 만들 것을 제안합니다.

```
def miles_to_km(miles):
    return miles * 1.60934

miles = 100
kilometers = miles_to_km(miles)

distance = miles_to_km(20)

print(kilometers)
print(distance)

'''
실행 결과:
160.934
32.1868
'''
```

코드 4-14. 마일을 킬로미터로 변환하는 함수 사용하기

이러한 방식으로 코드의 유지보수가 쉬워집니다. 예를 들어 변환 정확성을 더 높이도록 함수를 변경하였다면 오직 한 군데만 변경하면 됩니다. 코드 4-13에서는 이러한 개선점을 반영하기 위해 사용된 모든 경우를 검색해야 합니다. DRY 원칙을 적용하면 또한 사람도 쉽게 코드를 읽고 이해할 수 있습니다. miles_to_km(20) 함수의 목적에는 어떠한 의심도 들지 않지만 20 * 1.60934 계산에 대해서는 그 목적을 더 많이 생각해봐야 합니다.

DRY 원칙의 위반은 WET이라는 약자로 흔히 설명됩니다. *우리는 타이핑을 즐기고, 모든 것을 두 번 작성하고, 모든 사람의 시간을 낭비합니다. (we enjoy typing, write everything twice, and waste everyone's time)*

원칙10: 단일 책임 원칙

단일 책임 원칙은 모든 함수는 한 개의 주요한 목적을 가져야 함을 의미합니다. 동시에 모든 것을 해내는 하나의 거대한 함수보다는 다수의 작은 함수들을 사용하는 것이 더 좋습니다. 기능성을 캡슐화하면 전체적인 코드 복잡도가 줄어듭니다.

경험 법칙으로 모든 클래스와 함수는 오직 한 가지 책임을 가져야 합니다. 이 원칙의 발명자인 로버트 C. 마틴은 *책임을 변경해야 할 이유*로 정의합니다. 어떤 클래스와 함수를 정의하는 그의 최적 표준은 그것들을 단일 책임에 집중시켜, 이 단일 책임의 변경을 필요로 하는 프로그래머만이 정의에 변경하도록 요청할 수 있습니다. 다른 책임들을 가진 다른 프로그래머들은 코드가 올바르다는 가정하에 그 클래스에 대한 변경

요청조차 할 수 없게 됩니다. 예를 들어 데이터베이스에서 데이터를 읽는 책임을 가진 함수는 데이터를 처리하는 책임은 갖지 않을 것입니다. 다중 책임을 갖는다면 그 함수는 변경해야 하는 두 가지 이유가 있습니다. 데이터베이스 모델에 대한 변경과 요구사항의 처리에 대한 변경입니다. 만약 변경할 이유가 여럿이라면 많은 프로그래머들은 같은 클래스를 동시에 변경할 수도 있습니다. 그 클래스는 너무나 많은 책임을 가지게 되이 지지분하고 어수선해질 것입니다.

이북리더에서 실행되는 작은 파이썬 프로그램을 모델링하고 사용자의 독서 경험을 관리해봅시다.(코드 4-15)

---

❶ class Book:

❷　　def __init__(self):
　　　　self.title = "Python One-Liners"
　　　　self.publisher = "NoStarch"
　　　　self.author = "Mayer"
　　　　self.current_page = 0

　　　def get_title(self):
　　　　return self.title

　　　def get_author(self):
　　　　return self.author

　　　def get_publisher(self):
　　　　return self.publisher

❸　　def next_page(self):
　　　　self.current_page += 1
　　　　return self.current_page

❹　　def print_page(self):
　　　　print(f"... Page Content {self.current_page} ...")

❺ python_one_liners = Book()

print(python_one_liners.get_publisher())
# 출판사 이름 출력

python_one_liners.print_page()
# ... 0 페이지 내용

python_one_liners.next_page()
python_one_liners.print_page()
# ... 1 페이지 내용

코드 4-15. 단일 책임 권한을 위반하는 Book 클래스 모델링

코드 4-15는 Book 클래스를 정의합니다. ❶ 제목(title), 저자(author), 출판사(publisher)와 현재 페이지(current page)라는 4개의 속성이 있고 각 속성을 위한 게터(getter) 메서드들이 정의되어 있습니다. ❷ 다음 페이지로 이동하는 최소한의 기능성과, ❸ 이 함수는 사용자가 전자책 단말기에 있는 버튼을 누를 때마다 호출됩니다. print_page() 함수는 현재 페이지를 전자책 단말기에 출력합니다. 예제는 대략의 기능을 제공하는 스텁(stub)이며 실세계에서는 훨씬 더 복잡할 것입니다. ❹ 마지막으로 python_one_liners라는 이름의 Book 인스턴스를 생성하고, ❺ 일련의 메서드 호출을 통해 그 인스턴스의 속성들에 접근하고 예제의 마지막 몇 줄에는 문장들을 출력합니다. 예를 들어 실제 이북리더 구현은 사용자가 책을 읽으면서 다음 페이지가 필요할 때 next_page()와 print_page() 메서드를 호출할 것입니다.

코드가 클린하고 단순해 보이지만 이것은 단일 책임 원칙을 위반하였습니다. Book 클래스는 책의 내용에 해당하는 데이터를 모델링하는 책임과 책을 기기에 출력하는 책임 모두 담당하기 때문입니다. 모델링과 출력은 두 개의 다른 기능이지만 단일 클래스에 캡슐화되었습니다.

여러분은 하나의 클래스에서 다중 책임을 가지고있어 변경할 이유가 많습니다. 책의 데이터의 모델링을 변경하고 싶을 때가 있는데, 예를 들어 파일 기반의 입출력 메서드 대신에 데이터베이스를 사용하는 것입니다. 하지만 모델링된 데이터의 표현도 고칠 경우가 있습니다. 예를 들면 다른 종류의 스크린에 또 다른 책 표현 양식을 사용하는 것입니다.

이 문제점을 코드 4-16에서 고쳐봅시다.

```
❶ class Book:

❷     def __init__(self):
           self.title = "Python One-Liners"
           self.publisher = "NoStarch"
           self.author = "Mayer"
           self.current_page = 0

       def get_title(self):
           return self.title

       def get_author(self):
           return self.author

       def get_publisher(self):
           return self.publisher

       def get_page(self):
           return self.current_page
```

```
        def next_page(self):
            self.current_page += 1
```

❸ class Printer:

```
    ❹ def print_page(self, book):
          print(f"... Page Content {book.get_page()} ...")
```

```
python_one_liners = Book()
printer = Printer()

printer.print_page(python_one_liners)
# ... 0 페이지 내용 ...

python_one_liners.next_page()
printer.print_page(python_one_liners)
# ... 1 페이지 내용 ...
```

코드 4-16. **단일 책임 원칙을 지키기**

코드 4-16은 같은 작업을 하지만 단일 책임 원칙을 준수합니다. Book 클래스❶와 Printer 클래스를 생성합니다. ❸ Book 클래스는 책의 메타 데이터와 현재 페이지를 나타냅니다. ❷ 반면 Printer 클래스는 책을 단말기에 출력하는 책임을 맡습니다. Printer.print_page() 메서드를 호출하여 현재 페이지를 출력할 때는 book 객체를 넘깁니다. ❹ 이러한 방식으로 데이터 모델링(*무엇이 데이터인가?*)과 데이터 표현(*그 데이터를 사용자에게 어떻게 보여주지?*)이 디커플링되었고 코드는 유지보수하기 더 쉬워졌습니다. 예를 들어 책에 새로운 속성인 publising_year를 추가하려면 Book 클래스를 고치면 됩니다. 만약 이 속성을 데이터 표현에 반영하여 독자들에게 보여주려면 Printer 클래스를 변경합니다.

원칙11: 테스트

테스트 주도 개발은 현대적 소프트웨어 개발의 필수적인 부분입니다. 여러분이 아무리 실력있는 프로그래머라고 해도 여러분의 코드는 실수하게 됩니다. 이것들을 잡기 위해 정기적 테스트를 실행하거나 가장 먼저 테스트 주도 코드를 만들 필요가 있습니다. 모든 위대한 소프트웨어 회사는 최종 제품을 대중들에게 공개하기 전에 여러 단계로 시험합니다. 왜냐하면 내부적으로 오류를 발견하는 것이 불만족스러운 고객들로부터 피드백을 받는 것보다 훨씬 낫기 때문입니다.

소프트웨어 응용 프로그램을 개선하기 위해 시행하는 테스트의 종류에는 제한이 없지만 가장 공통적인 형태들은 다음과 같습니다.

단위 테스트 단위 테스트로 여러분은 응용 프로그램에 있는 각 함수에 대한 서로 다른 입력들에 대해 올바른 입력/출력 관계를 검사합니다. 단위 테스트들은 예를 들어 새로운 소프트웨어 버전이 배포될 때와 같이 보통 일정한 간격으로 적용합니다.

사용자 인수 테스트 이 테스트는 목표 시장에 있는 사람들이 통제된 환경에서 여러분의 응용 프로그램을 사용하며 이때 그들의 행동을 관찰합니다. 그다음 그 프로그램이 얼마나 마음에 들었고 어떻게 개선하면 좋을지 질문합니다. 이러한 테스트는 보통 조직 안에서 광범위한 테스팅을 진행한 후 프로젝트 개발의 마지막 단계에 시행됩니다.

스모크 테스트 스모크 테스트는 개발 환경에서 응용 프로그램이 실패하는지 알아보는 대략의 테스트로 소프트웨어 개발팀이 검증 팀에 응용 프로그램을 넘기기 전에 시행합니다.[2] 다른 말로 스모크 테스트는 흔히 응용 프로그램 개발팀이 품질 확보를 위해 검증 팀에 코드를 넘기기 전에 배포됩니다. 앱이 스모크 테스트를 통과하면 테스팅의 다음 단계로 넘어갈 준비가 된 것입니다.

성능 테스트 성능 테스트는 실제 기능들을 검증하는 것이 아니라 응용 프로그램이 사용자의 성능 요구사항을 만족하거나 심지어는 초과하는지 알아보기 위함입니다. 예를 들어 넷플릭스는 새로운 기능을 배포하기 전에 웹 사이트의 페이지 로딩 시간을 반드시 테스트하였습니다. 만약 신기능으로 인해 프론트엔드가 너무 많이 느려지면 넷플릭스는 그 기능을 배포하지 않아서 선제적으로 부정적인 사용자 경험을 피할 수 있었습니다.

확장성 테스트 만약 응용 프로그램이 성공했다면 여러분은 최초 분당 2개의 요청을 받는 것이 아니라 분당 1,000개의 요청을 처리해야 할 것입니다. 확장성 테스트는 여러분의 응용 프로그램이 그러한 상황을 처리할 수 있을 만큼 충분히 확장성이 있는지 확인합니다. 성능 좋은 애플리케이션이 반드시 확장성이 좋거나 혹은 그 반대가 성립하는 것은 아니라는 것에 주목하세요. 예를 들어 쾌속정은 굉장히 빠르지만 한 번에 수천 명을 태울만큼의 확장성은 제공하지 않습니다.

---

2 (역자 주) 스모크 테스트를 하는 이유는 검증팀이 응용 프로그램을 테스트 하기위해 개발 환경을 애써 설치했는데 정작 그 앱이 동작하지 않는 경우를 대비하기 위함입니다. 검증팀 입장에서는 맥이 빠지겠죠.

테스팅과 리팩터링은 보통 코드의 복잡성과 오류의 개수를 줄입니다. 하지만 과도하게 엔지니어링을 하지 않도록 주의하세요.(원칙 14 참고) 현실에서 발생할 수 있는 시나리오만 테스트하면 됩니다. 예를 들어 지구상에는 대략 70억 인구가 존재하는데 넷플릭스 응용 프로그램이 1,000억 개의 스트리밍 기기를 처리할 수 있는지를 테스팅하는 것은 불필요합니다.

원칙12: 작은 것이 아름답다

작은 코드는 주어진 단일 목표를 달성하기 위해 상대적으로 적은 라인 수를 필요로 합니다. 다음은 사용자로부터 정수 값을 입력받아 그 입력이 진짜로 정수인지 검증하는 작은 코드 함수입니다.

```python
def read_int(query):
    print(query)
    print('Please type an integer next:')
    try:
        x = int(input())
    except:
        print('Try again - type an integer!')
        return read_int(query)
    return x

print(read_int('Your age?'))
```

코드는 사용자가 정수를 입력할 때까지 동작합니다. 다음은 예제 실행 결과입니다.

```
Your age?
Please type an integer next:
hello
Try again - type an integer!
Your age?
Please type an integer next:
twenty
Try again - type an integer!
Your age?
Please type an integer next:
20
20
```

사용자로부터 정수 값을 읽는 로직을 분리하면 같은 기능을 여러 번 재사용할 수 있습니다. 하지만 좀 더 중요하게 여러분은 상대적으로 쉽게 읽고 이해할 수 있는 더 작은 단위의 기능성들로 코드를 쪼갰습니다.

대신에 많은 초보 프로그래머들(혹은 게으른 중급 프로그래머들)은 크고 모놀리식한 코드 함수들인 소위 *신 객체(God objects)*를 작성합니다. 신 객체는 중앙집중식으로 모든 것을 처리합니다. 이러한 모놀리식 코드 블록은 유지보수성이 악몽에 가깝습니다. 10,000 라인의 코드 블록에 특정 기능들이 통합되는 것보다 사람들은 한 가지 목적을 갖는 한 개의 작은 코드 함수를 한 번에 쉽게 이해합니다. 여러분은 잠재적으로 더 많이 나오는 실수는 작은 몇 개의 함수들이 아니라 한 개의 거대한 코드 블록에서 나오며, 작게 분리된 여러 함수들은 기존의 코드 기반과 통합하기도 유리합니다.

이 장의 시작부에 있는 그림 4-1은 더러운 코드를 작성하면 한 줄을 추가하는 시간이 점점 증가하는 추세를 보이고, 장기적으로 클린 코드를 작성하면 개발 속도가 훨씬 빨라진다는 것을 보여줍니다. 그림 4-2는 작은 코드 블록으로 작업하는 시간과 모놀리식 코드 블록으로 작업하는 시간을 비교합니다. 거대한 코드 블록은 코드를 한 줄 추가하는 시간이 초선형적으로 증가합니다. 하지만 만약 여러분이 다수의 작은 코드 함수들을 쌓아서 서로 호출하는 구조로 만들었다면 한 줄을 추가하는 시간은 준선형으로 증가합니다. 이 효과를 최대로 달성하려면 각 코드 함수는 다른 코드 함수와 거의 독립적이 되어야 합니다. 여러분은 다음 원칙인 디미터의 법칙(the Law of Demeter)에서 이 아이디어에 대해 자세히 배울 것입니다.

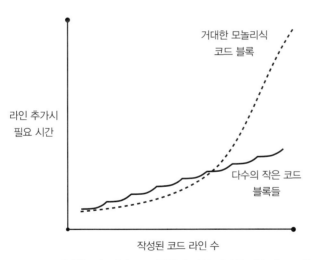

그림 4-2. **거대한 모놀리식 코드 블록의 작업 시간은 지수적으로 증가. 다수의 작은 코드 블록의 작업 시간은 준선형으로 증가.**

원칙13: 디미터의 법칙

의존성은 어디에나 있습니다. 어떤 라이브러리를 임포트하면 여러분의 코드는 그 라이브러리의 기능성을 부분적으로 의존하게 되지만 또한 그 안에서 상호 의존성도 가질 수 있습니다. 객체 지향 프로그래밍에서 하나의 함수는 다른 함수를, 한 객체는 다른 객체를 그리고 한 클래스 정의는 다른 클래스 정의를 의존합니다.

클린 코드를 작성하기 위해 *디미터의 법칙(Law of Demeter)*에 따라 코드 요소들의 상호 의존성을 최소화해야 합니다. 이 법칙은 1980년대 후반 이안 홀란드(Ian Holland)라는 소프트웨어 개발자가 농업, 성장과 다산의 그리스 신인 디미터(Demeter)라는 이름의 프로젝트를 진행하면서 그 이름을 따서 명명하였습니다. 그 프로젝트 그룹은 단순히 소프트웨어를 개발하는 것이 아니라 "성장하는 소프트웨어"라는 아이디어를 홍보하였습니다.

하지만 디미터의 법칙으로 알려진 것은 이러한 형이상학적인 아이디어와는 전혀 관계가 없으며 객체지향 프로그래밍에서 느슨하게 결합된(loosely coupled) 코드를 작성하는 실용적인 접근법입니다. 다음은 프로젝트 그룹의 웹사이트(*https://ccs.neu.edu/home/lieber/what-is-demeter.html*)에 있는 디미터의 법칙을 설명하는 간결한 인용문입니다.

디미터의 중요한 개념은 소프트웨어를 적어도 두 부분으로 분할하는 것입니다. 첫 번째 부분은 객체들을 정의합니다. 두 번째 부분은 동작들을 정의합니다. 디미터의 목표는 객체들과 동작들의 느슨한 결합을 유지하는 것입니다. 이를 통해 다른 것에 중대한 영향을 미치지 않고도 어떤 것을 변경할 수 있습니다. 이것은 유지보수 시간을 상당히 줄입니다.

다른 말로 여러분은 코드 객체들의 의존성들을 최소화해야 합니다. 코드 객체들 사이의 의존성을 줄여서 코드의 복잡성을 줄이고 결국 유지보수성을 개선합니다. 구체적인 시사점은 모든 객체가 자기 객체의 메서드들 혹은 인접 객체들의 메서드들만 호출하고, 인접 객체의 메서드를 호출해서 얻은 객체의 메서드는 호출하지 말라는 것입니다. 설명을 위해 A와 B 두 개의 객체를 *친구*로 정의하고 A가 B의 메서드를 호출한다고 가정합시다. 단순합니다. 만약 B의 메서드가 C 객체의 참조를 반환한다면 어떻게 될까요? 이제 A 객체는 아마도 B.B의_메서드().C의_메서드()와 같은 방식으로 C 객체에 있는 메서드를 호출합니다. 이것을 메서드 호출의 *체이닝(chaining)*이라고 부릅니다. 이것을 실제 우리 생활에 비유하면, 여러분은 친구의 친구에게 말하고 있습니다. 디미터의 법칙은 *오직 인접한 친구에게만 말해야* 하며 메서드 체이닝은 권하지 않습니다. 처음에는 혼란스럽게 들릴 수 있으나 그림 4-3과 같이 실용적인 예로 알아보겠습니다.

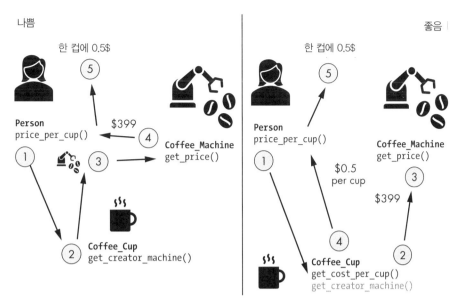

그림 4-3. **디미터의 법칙: 의존성을 최소화하기 위해 오직 인접한 친구와 대화하기**

그림 4-3은 어떤 사람의 커피 잔 당 가격을 계산하는 두 개의 객체지향 코드 프로젝트입니다. 좌측의 구현은 디미터의 법칙을 위반하고 우측의 구현은 그 법칙을 준수합니다. 코드 4-17과 같이 Person 클래스가 낯선 사람과 대화하는 메서드 체이닝을 사용한 부정적인 예로 시작합니다. ❶

```
# 디미터의 법칙을 위반 (나쁨)

class Person:
    def __init__(self, coffee_cup):
        self.coffee_cup = coffee_cup

    def price_per_cup(self):
        cups = 798
❶       machine_price = self.coffee_cup.get_creator_machine().get_price()
        return machine_price / cups


class Coffee_Machine:
    def __init__(self, price):
        self.price = price

    def get_price(self):
        return self.price

class Coffee_Cup:
    def __init__(self, machine):
        self.machine = machine
```

```
    def get_creator_machine(self):
        return self.machine


m = Coffee_Machine(399)
c = Coffee_Cup(m)
p = Person(c)

print('Price per cup:', p.price_per_cup())
# 0.5
```

코드 4-17. **디미터의 법칙을 위반하는 코드**

price_per_cup( ) 메서드는 커피 기계의 가격과 이 기계에서 생산되는 잔의 수를 가지고 커피의 잔당 비용을 계산합니다. Coffee_Cup 객체는 커피의 잔 당 가격에 영향을 주는 커피 기계의 가격에 관한 정보를 수집하고 그 정보를 Person 객체의 price_per_cup( ) 메서드의 호출자에게 넘깁니다.

그림 4-3의 좌측의 도표는 위 시나리오에 대한 나쁜 전략을 보여줍니다. 다음은 코드 4-17를 단계별로 설명합니다.

1. price_per_cup( ) 메서드는 Coffee_Cup.get_creator_machine( ) 메서드를 호출하여 Coffee_Machine 객체의 참조를 얻습니다.

2. get_creator_machine( ) 메서드는 잔의 내용물을 제공하는 Coffee_Machine 객체에 대한 참조를 반환합니다.

3. price_per_cup( ) 메서드는 방금 얻은 Coffee_Machine 객체의 get_price( ) 메서드를 호출합니다.

4. get_price( ) 메서드는 기계의 가격을 반환합니다.

5. price_per_cup( ) 메서드는 잔별 감가 상각을 계산하여 한 잔의 가격을 계산합니다. 이 값이 메서드의 호출자에게 반환됩니다.

이것은 Person 클래스가 Coffee_Cup과 Coffee_Machine 객체를 모두 의존하기 때문에 나쁜 전략입니다❶. 이 클래스를 유지보수하려면 두 부모 클래스의 정의를 모두 알아야 합니다. 둘 중 하나의 어떤 변화도 Person 클래스에 영향을 줍니다.

디미터의 법칙은 이러한 의존성을 최소화합니다. 여러분은 그림 4-3 우측과 코드 4-18에서 같은 문제를 모델링하는 바람직한 방식을 찾을 수 있습니다. 이 예제에서 Person 클래스는 Machine 클래스와 직접 대화하지 않습니다. 심지어는 그 클래스의 존재를 알 필요도 없습니다.

디미터의 법칙 준수 (좋음)

```
class Person:
    def __init__(self, coffee_cup):
        self.coffee_cup = coffee_cup

    def price_per_cup(self):
        cups = 798
      ❶ return self.coffee_cup.get_cost_per_cup(cups)


class Coffee_Machine:
    def __init__(self, price):
        self.price = price

    def get_price(self):
        return self.price


class Coffee_Cup:
    def __init__(self, machine):
        self.machine = machine

    def get_creator_machine(self):
        return self.machine

    def get_cost_per_cup(self, cups):
        return self.machine.get_price() / cups


m = Coffee_Machine(399)
c = Coffee_Cup(m)
p = Person(c)

print('Price per cup:', p.price_per_cup())
# 0.5
```

코드 4-18. 낯선 사람에게 대화하지 않는 방식으로 디미터의 법칙을 준수하는 코드

코드 4-18을 단계별로 알아봅니다.

1. price_per_cup( ) 메서드는 Coffee_Cup.get_cost_per_cup( ) 메서드를 호출하여 잔당 가격의 추정치를 얻습니다.

2. get_cost_per_cup( ) 메서드는 호출한 메서드에 답하기 전에, Coffee_Machine.get_price( )를 호출하여 기계의 가격을 얻습니다.

3. get_price( ) 메서드는 가격 정보를 반환합니다.

4. get_cost_per_cup( ) 메서드는 잔당 가격을 계산하고 그 값을 price_per_
   cup( ) 메서드로 반환합니다.

5. price_per_cup( ) 메서드는 단순히 계산된 값을 반환합니다 (1)

이 예제가 더 좋은 접근 방식인 이유는 Person 클래스는 이제 Coffee_Machine 클래스와 독립적이기 때문입니다. 의존성의 총개수가 줄었습니다. 수백 개의 클래스들이 포함된 프로젝트에서 의존성을 줄이면 전체 응용 프로그램의 복잡도를 극적으로 줄일 수 있습니다. 여기에 대형 응용 프로그램에서 복잡성이 증가하는 위험성이 있습니다. 객체들의 개수에 따라 잠재적인 의존성의 수는 초선형적으로 증가합니다.

대략 말하면 초선형의 곡선은 직선보다 빠르게 성장합니다. 예를 들어 객체들의 수가 2배가 되면 의존성(복잡성과 동일함)은 손쉽게 그 수의 4배가 될 수 있습니다. 하지만 디미터의 법칙을 따르면 의존성의 개수를 줄여 이러한 경향을 상쇄할 수 있습니다. 만약 모든 객체가 오직 k개의 다른 객체와 대화하고 전체 n개의 객체가 있다면 전체 의존성의 개수는 k*n으로 한정되고 이는 k가 상수라면 선형 관계에 가깝습니다. 따라서 디미터의 법칙은 수학적으로 우아하게 여러분의 응용 프로그램의 확장성을 돕습니다.

원칙14: 필요하지 않아요

이 원칙은 지금이 아니라 미래에 사용할 것으로 기대되는 코드는 절대 구현하지 말라는 것입니다. 왜냐하면 당장 필요하지 않기 때문입니다. 오직 100퍼센트로 순수하게 필요한 코드만 작성하세요. 내일이 아닌 오늘을 위한 코드입니다. 이전에 필요할 것으로 의심되었던 코드가 실제로 미래에 필요해졌다면 그때 구현하면 됩니다. 하지만 그동안 여러분은 불필요한 많은 코드를 넣지 않을 수 있습니다.

첫 번째 원칙부터 생각해보세요. 가장 단순하고 클린한 코드는 빈 파일입니다. 여기서부터 시작합니다. 빈 파일에 무엇을 추가할까요? 3장에서 여러분은 MVP에 대해 배웠습니다. 이것은 핵심 기능성에 집중하고 나머지 기능은 제거합니다. 만약 넣고자 하는 기능들의 수를 최소화할 수 있다면 메서드를 리팩터링하거나 다른 모든 원칙들을 조합하는 것보다 더 클린하고 단순한 코드를 가질 수 있습니다. 다른 기능들에 비해 상대적으로 거의 가치가 없는 기능들은 제거해보세요. 기회비용은 거의 측정하기 어렵지만 종종 특별한 의미가 있습니다. 여러분은 어떤 기능을 구현하려고 검토하기 전에 실제로 그 기능이 필요해야만 합니다.

이 원칙의 시사점은 *과도한 엔지니어링*을 피하는 것입니다. 이 개념은 필요한 것보다 더 성능이 좋고 견고하거나 더 많은 기능들을 포함하는 제품을 만드는 것을 의미합니다.

과도한 엔지니어링은 즉시 경종을 울려야 하는 불필요한 복잡성을 증가시킵니다.

예를 들어 필자는 단순한 알고리즘적 접근을 사용하면 몇 분 안에 풀 수 있었던 문제를 만났을 때 다른 프로그래머들처럼 이들 알고리즘들의 작은 한계점을 받아들이는 것을 거부하였습니다. 대신 최신 군집화 알고리즘들을 공부하여 단순히 KMeans 알고리즘을 적용하는 것보다 군집화 성능을 몇 퍼센트 향상할 수 있었습니다. 이러한 꼬리가 긴 최적화에는 상당히 많은 비용이 수반됩니다. 필자는 80퍼센트의 시간을 20퍼센트의 향상을 얻는데 허비해야 했습니다. 만약 20퍼센트를 진짜로 *필요로* 했고 다른 방안이 없었다면 불가피했을 것입니다. 하지만 현실적으로 화려한 군집화 알고리즘을 구현할 필요가 없었습니다. 전형적인 과도한 엔지니어링 사례였습니다!

항상 쉽게 달성할 수 있는 목표를 추구하세요. 단순한 알고리즘들과 직관적인 방법들을 사용하고 기준으로 삼으세요. 그다음 새로운 기능 혹은 성능 최적화가 응용 프로그램 전반에 뛰어난 결과를 만들어낼 수 있을지 분석하세요. 전체를 생각하고 지엽적으로 고민하지 마세요. 작고 시간이 드는 수정보다 큰 그림에 집중하세요.(원칙1 참조)

원칙15: 과도한 들여쓰기 금지

대부분의 프로그래밍 언어는 중첩된 조건 블록, 함수의 정의 혹은 반복문 등의 계층적 구조를 표시하기 위해 들여쓰기를 사용합니다. 하지만 과도한 들여쓰기 사용은 코드의 가독성을 떨어뜨립니다. 코드 4-19는 과도한 들여쓰기가 사용된 코드 조각을 보여줍니다. 이로 인해 즉시 이해하기가 어렵습니다.

```python
def if_confusion(x, y):
    if x>y:
        if x-5>0:
            x = y
            if y==y+y:
                return "A"
            else:
                return "B"
        elif x+y>0:
            while x>y:
                x = x-1
            while y>x:
                y = y-1
            if x==y:
                return "E"
        else:
            x = 2 * x
            if x==y:
                return "F"
            else:
```

```
                        return "G"
            else:
                if x-2>y-4:
                    x_old = x
                    x = y * y
                    y = 2 * x_old
                    if (x-4)**2>(y-7)**2:
                        return "C"
                    else:
                        return "D"
                else:
                    return "H"

print(if_confusion(2, 8))
```

코드 4-19. **과도하게 중첩된 코드 블록들**

만약 이 코드의 결과를 추측하려면 코드를 추적하기 어렵습니다. if_confusion(x, y) 함수는 상대적으로 x 변수와 y 변수의 단순한 검사를 수행합니다. 하지만 서로 다른 수준의 들여쓰기에서 길을 잃기 쉽고 코드도 전혀 클린하지 않습니다.

코드 4-20은 동일한 코드를 좀 더 클린하고 단순하게 작성하는 방법을 보여줍니다.

```
def if_confusion(x,y):
    if x>y and x>5 and y==0:
        return "A"
    if x>y and x>5:
        return "B"
    if x>y and x+y>0:
        return "E"
    if x>y and 2*x==y:
        return "F"
    if x>y:
        return "G"
    if x>y-2 and (y*y-4)**2>(2*x-7)**2:
        return "C"
    if x>y-2:
        return "D"
    return "H"
```

코드 4-20. **들여쓰기가 정리된 중첩된 코드 블록들**

코드 4-20에서 우리는 들여쓰기와 코드 중첩을 줄였습니다. 이제 전체 검사들을 둘러보고 두 인수인 x와 y에 무엇이 먼저 적용되는지 알 수 있습니다. 여기에서는 비록 x > y와 같은 검사들이 여러 번 중복되어 있지만 대부분의 프로그래머들은 수없이 중첩된 코드보다 평평한 코드를 읽는 것을 즐깁니다.

원칙16: 지표를 사용하라

시간이 흐름에 따라 여러분의 코드의 복잡성을 추적할 수 있는 코드 품질 지표들을 사용하세요. 비공식적이지만 궁극적인 지표는 분당 WTF(What the fXXX)으로 알려져 있으며 여러분의 코드를 읽는 독자의 분노를 측정하기 위함입니다. 클린하고 단순한 코드에는 그 값이 낮을 것이고 더럽고 혼란스러운 코드에는 높을 것입니다.

이렇게 정량화하기 어려운 표준의 대리자로서 1장에서 논의한 NPath 복잡도 혹은 순환 복잡도와 같은 기성 지표를 사용할 수 있습니다. 대부분의 IDE들에는 많은 온라인 도구들과 플러그인들이 자동으로 코드 작성시 복잡도를 계산해줍니다. *https://plugins.jetbrains.com/*에서 젯브레인스(JetBrains) 플러그인 섹션을 검색하면 CyclomaticComplexity 플러그인들을 검색할 수 있습니다. 필자의 경험에 따르면 실제로 측정된 복잡도의 수치 자체는 여러분이 어디서든 복잡도를 제거해야 한다는 사실을 아는 것이 보다 덜 중요합니다. 클린하고 단순한 코드를 작성하는데 도움을 주는 다양한 도구들을 사용하는 것을 강력하게 추천합니다. 여러분이 투자한 시간에 대해 충분히 보상 받을 것입니다.

원칙17: 보이 스카웃 법칙과 리팩터링

보이 스카웃 법칙은 *"야영장을 떠날 때는 들어올 때보다 깨끗하게 하라"*로 단순합니다. 이것은 삶과 프로그래밍을 위한 위대한 법칙입니다. 여러분이 만나는 모든 코드 조각들을 클린하게 만드는 습관을 들이세요. 여러분이 작업중인 코드 기반들을 개선하면 삶을 쉽게 만들 뿐 아니라 소스 코드를 빠르게 평가하는 프로그래밍 장인의 날카로운 안목을 기르는데 도움이 됩니다. 덤으로 여러분의 팀의 생산성이 올라가고 여러분의 동료들은 여러분의 가치 기반적 태도를 감사할 것입니다. 이것이 우리가 앞서 언급한 성급한 최적화를 피하라(과도한 엔지니어링)라는 법칙을 위반하는 것은 아니라는 것에 주목하세요. 복잡도를 줄이기 위해 여러분의 코드를 깨끗하게 하는 데 시간을 들이는 것은 거의 언제나 효율적입니다. 그렇게 하면 유지보수 오버헤드, 버그와 인지적 소모가 줄어들어 커다란 보상을 받게 됩니다. 간결하게 말하면 과도한 엔지니어링은 복잡성을 *올리지만* 코드를 정리하는 것은 복잡성을 *낮춥니다*.

여러분의 코드를 개선하는 과정을 *리팩터링*이라고 부릅니다. 리팩터링은 우리가 여기에서 논의한 모든 원칙들을 구성하는 전반적인 방법입니다. 위대한 프로그래머로서 여러분은 처음부터 수많은 클린 코드 원칙들을 적용할 것입니다. 하지만 그렇게 하더라도 여러분은 가끔 코드를 깨끗하게 정리하기 위해 리팩터링하게 될 것입니다. 특히 어떤 새로운 기능들을 출시하기 전에 코드를 클린하게 유지하기 위해 리팩터링

해야 합니다.

코드를 리팩터링하는 기법은 다양합니다. 그중 하나는 여러분의 코드를 동료에게 설명하거나 그들이 코드를 훑어보게 하여 여러분이 내린 잘못된 결정 중 미처 발견되지 않은 것들을 찾을 수 있도록 합니다. 예를 들어 여러분은 응용 프로그램의 필요할 것으로 기대하여 Cars와 Trucks라는 두 개의 클래스를 생성하였습니다. 그 코드를 동료에게 설명하면서 여러분은 Trucks 클래스가 자주 사용되지는 않으며 사용할 때도 Car 클래스에 이미 존재하는 메서드들을 사용했다는 것을 깨닫습니다. 이에 동료는 자동차와 트럭들을 모두 처리하는 Vehicle 클래스를 생성하는 것을 제안합니다. 여러분은 즉시 수많은 코드들을 제거할 수 있습니다. 이러한 사고 방식은 여러분이 결정 사항에 대해 생각해보고 전체 프로젝트를 조망할 수 있도록 강요하기 때문에 거대한 발전을 가져올 수 있습니다.

여러분이 내성적인 프로그래머라면 대신 고무 오리에게 설명할 수 있습니다. 이러한 기법을 *러버덕 디버깅(rubber duck debugging)*이라고 합니다.

동료에게 말하는 것(혹은 고무 오리)을 넘어 여러분은 여기에서 제시된 다른 클린 코드 원칙들을 사용하여 여러분의 코드를 때때로 평가할 수 있습니다. 그렇게 할 때 여러분은 코드 기반을 깨끗하게 정리하여 코드의 복잡성을 크게 줄일 수 있는 해결법을 쉽게 발견할 것입니다. 이 소프트웨어 개발 절차의 필수적인 부분은 여러분의 성과를 심대하게 향상할 것입니다.

결론

이 장에서는 클린하고 단순한 코드를 작성하는 방법에 대한 17가지 원칙들을 배웠습니다. 클린 코드는 복잡성을 줄이고 여러분의 생산성과 프로젝트의 확장성과 유지보수성을 향상합니다. 필요할 때마다 라이브러리를 사용하면 군더더기를 줄이고 코드 품질을 향상합니다. 표준을 준수하며 변수와 함수의 의미있는 이름들을 고르는 것은 미래에 코드를 읽을 독자들의 마찰을 줄이는데 중요하다는 것을 배웠습니다. 여러분은 함수가 오직 한 가지의 일을 하도록 설계해야 함을 배웠습니다. 의존성을 최소화함으로써 복잡성을 줄이고 확장성을 늘리는 것(디미터의 법칙에 따라)은 직접적이고 간접적인 메서드 체이닝을 회피함으로서 가능합니다. 코드에 주석을 다는 것은 여러분의 마음에 가치있는 깨달음을 줄 수 있어야 하며 불필요하거나 사소한 주석들은 피해야 합니다. 여러분의 클린 코드에 커다란 힘을 부여하는 핵심은 기계를 위한 코드가 아니라 사람을 위한 코드입니다.

위대한 프로그래머들과 협업하고 깃헙에 있는 그들의 코드를 읽고 활용 중인 프로그래밍 언어이 우수 사례들을 공부하게 되면 점차적으로 클린 코드의 기술을 향상시킬 수 있습니다. 각 프로그래밍 환경에서 동적으로 우수 사례들과 여러분의 코드를 비교 검사하는 린터를 도입하세요. 때때로 이 장의 클린 코드 원칙들을 되돌아보고 여러분의 현재 프로젝트는 어떤지 확인하세요.

다음 장에서 여러분은 단지 클린 코드를 작성하는 것을 뛰어넘는 또 다른 효과적인 코딩 원칙인 성급한 최적화에 대해 배웁니다. 성급한 최적화는 모든 악의 근원이라는 것을 아직 몰랐던 프로그래머들이 얼마나 많은 시간과 노력을 낭비했는지 알게 되면 놀랄 것입니다.

5

성급한 최적화는
모든 악의 근원

이 장에서는 성급한 최적화가 어떻게 생산성을 저해하는지 배울 것입니다. 성급한 최적화(Premature optimization)는 귀중한 자원인 시간, 노력과 코드 라인들을 불필요한 코드 최적화에 낭비하는 행위로 특히 여러분이 관련된 모든 정보를 확보하기 전에 발생합니다. 이것은 잘못 작성된 코드가 일으키는 주요한 문제들 중 하나입니다. 성급한 최적화는 다양한 형태로 발생하며 이 장에서는 그중 가장 적절한 몇 가지를 소개합니다. 우리는 여러분의 코드 프로젝트에서 일어날만한 성급한 최적화의 실용적인 사례를 공부할 것입니다. 또한 행동 가능한 성능 최적화에 관한 팁들로 이 장을 마치도록 하겠습니다.

성급한 최적화의 유형들

최적화된 코드가 그 자체로 나쁠 것은 없지만 항상 비용이 뒤따릅니다. 프로그래밍하는 시간 혹은 다른 코드들이 추가됩니다. 코드 조각들을 최적화할 때 여러분은 일반적으로 성능에 대한 복잡성과 거래하게 됩니다. 때때로 클린 코드 작성을 통해 낮은 복잡성과 높은 성능을 모두 얻을 수도 있으나 둘 다 달성하기 위해서는 코딩하는 시간을 투입해야 합니다! 너무 이른 시기에 이 작업을 수행하면 여러분은 실무적으로 거의 쓰이지 않을 코드를 최적화하거나 프로그램의 전반적 성능 향상에는 거의 기여하지 못하는 작업에 시간을 낭비할 수 있습니다. 여러분은 또한 코드가 언제 호출되는지, 가능한 입력 값들은 무엇인지에 대한 충분한 정보를 확보하지 못한 상태에서 최적화할 수도 있습니다. 코딩하는 시간과 코드 라인과 같은 귀중한 자원들을 낭비하면 생산성이 크게 줄어들 수 있기 때문에 그러한 자원들을 현명하게 투자하는 방법을 아는 것이 중요합니다.

하지만 필자의 말만 너무 믿을 필요는 없습니다. 다음은 성급한 최적화에 대해 가장 영향력이 큰 컴퓨터 공학자 중 한 명인 도날드 커누스(Donald Kunth)[1]의 말도 참고해보시기 바랍니다.

"프로그래머들은 엄청나게 많은 시간을 그들의 프로그램에서 중대하지 않은 부분의 속도에 대해 생각하거나 걱정하고 있으며 효율성에 대한 그들의 시도는 실제로 디버깅과 유지보수를 고려할 때 강하게 부정적인 효과를 갖습니다. 예를 들면 근무 시간의 97%만큼은 작은 효율성에 대한 것은 잊어야 합니다. 성급한 최적화는 모든 악의 근원입니다."[2]

성급한 최적화는 다양한 형태를 가질 수 있기에 문제점을 탐구하는 형태로 우리는 여섯 가지의 공통된 사례들을 살펴볼 것입니다. 이것들은 필자가 겪었던 것들을 기반으로 여러분도 작은 효율성에 성급하게 집중하는 유혹에 빠져 업무 진행을 늦출 수 있는 것들입니다.

코드 함수들을 최적화하기

어떤 함수들이 얼마나 쓰일지 알기 전에는 최적화하면 안 됩니다. 여러분이 단지 견딜 수 없는 함수를 만나면 최적화하지 않은 상태로 두세요. 스스로 판단할 때 그 코드가

---

1 **(역자 주)** 국내에는 〈컴퓨터 프로그래밍의 예술〉이라는 두꺼운 책의 저자로 유명합니다.

2 **(주)** "go to 문을 활용한 구조적 프로그래밍", ACM Computing Survey 6, no.1 (1974)

순진한 방법을 사용하여 나쁜 프로그래밍 스타일이라고 생각되면 여러분은 좀 더 효율적인 자료구조 혹은 알고리즘을 사용하여 문제를 해결하길 원할 것입니다. 여러분은 연구 모드로 들어가 공부하고 알고리즘들을 튜닝하는데 몇 시간을 소비합니다. 하지만 실제로 이 함수는 최종 프로젝트에서 단지 몇 번 실행될 뿐입니다. 성급한 최적화를 통해 의미있는 성능 향상으로 이어지지 않습니다.

기능들을 최적화하기

반드시 필요로 하지 않은 기능들은 추가하지 말고 그것들을 최적화하는데 시간을 낭비하지 마세요. 여러분이 텍스트 본문을 반짝이는 불빛의 모스 부호로 번역하는 스마트폰 앱을 만든다고 합시다. 여러분은 3장에서 쓰이지도 않는 여러 기능들을 가진 화려한 최종 제품을 만드는 대신, 먼저 MVP를 구현하는 것이 최선의 방식이라는 것을 배웠습니다. 이 사례에서 MVP는 하나의 기능을 가진 단순한 앱이 될 것입니다. 그것은 단순한 입력창에 본문을 입력받고 버튼을 누르면 그 앱이 입력받은 내용을 모스 부호로 번역하는 것입니다. 하지만 여러분은 MVP 법칙이 이 프로젝트에는 맞지 않으며 텍스트 오디오 변환기와 빛의 신호를 텍스트로 번역하는 기능과 같은 몇 개의 추가 기능을 넣기로 결정합니다. 앱을 배포한 후 결국 사용자들은 그러한 기능들을 사용하지 않습니다. 성급한 최적화는 프로젝트 개발 주기를 늦추고 사용자 피드백을 통합하는 것을 지연시킵니다.

계획을 최적화하기

만약 계획 단계를 성급하게 최적화하여 아직 발생하지도 않은 문제들에 대해 해결책을 찾으려고 하면, 여러분은 소중한 피드백을 받을 수 있는 기회를 지연시키게 됩니다. 완전히 계획하는 것을 피하지 않으면서 계획 단계에 머물러 있는 것은 그 자체로 비용입니다. 세상에 가치 있는 것을 배포하려면 불완전함을 수용해야 합니다. 사용자 피드백과 건전성 검사로 어디에 집중할지 알아야 합니다. 계획은 특정한 함정을 피하는데 도움이 되지만 행동하지 않으면 프로젝트는 결코 끝나지 않는 이론의 상아탑에 갇히게 될 것입니다.

확장성을 최적화하기

실제 사용자를 만나기 전에 응용 프로그램의 확장성을 최적화하는 것은 주요한 주의 분산이고 수만 달러의 개발자와 서버 시간이 손쉽게 낭비될 수 있습니다. 예를 들어 수백만 명의 사용자가 방문할 것으로 기대하고 필요시 부하의 피크치가 발생했을 때 동적으로 가상 머신들을 추가하는 분산 아키텍처를 설계합니다. 하지만 분산 시스템은 복잡하고 오류가 발생하기 쉬운 작업으로 구현하는 데 수개월이 걸릴 수 있습니다. 어쨌든 대부분의 프로젝트는 실패합니다. 만약 여러분의 야심찬 꿈처럼 성공하였다면 수요가 실제로 증가했을 때 여러분의 시스템의 확장성을 고려할 기회가 충분합니다. 최악의 경우 분산은 오히려 응용 프로그램의 확장성을 해칠 수 있는데, 이는 의사소통과 데이터 일관성을 맞추기 위한 오버헤드가 증가하기 때문입니다. 확장성있는 분산 시스템을 개발하려면 비용이 필요합니다. 그 비용을 꼭 지불할 필요가 있을까요? 첫 번째 고객을 응대하기 전에는 수백만의 사용자를 위한 확장성을 위한 설계를 하지 마세요.

테스트 설계를 최적화하기

테스트들을 너무 이르게 최적화하는 것은 또한 주요한 개발 시간 낭비의 요인입니다. 테스트 주도 개발을 잘못 해석하는 많은 열성팬들이 있어 *기능성에 앞서 테스트를 구현한다는* 생각을 오해하여 항상 테스트를 먼저 작성합니다. 심지어 코드 함수의 목적이 단지 실험적이거나 코드 함수가 처음에는 테스트하기 적합하지 않을 때도 말입니다. 실험적 코드를 작성하는 것은 개념과 아이디어를 테스트하는 것으로, 실험적인 코드에 또 다른 테스트의 계층을 추가하는 것은 개발 진행을 방해하고 빠른 프로토타입이란 철학에 부합하지 않습니다. 게다가 여러분이 엄격한 테스트 주도 개발을 신봉하여 100퍼센트의 테스트 커버리지를 주장한다고 합시다. 예를 들어 사용자가 자유롭게 입력한 텍스트를 처리하는 어떤 함수들은 그들의 예측할 수 없는 인간 기반의 입력으로 인해 단위 테스트와 잘 맞지 않습니다. 그러한 함수들은 오직 실제 인간이 그러한 기능을 유의미하게 테스트할 수 있고 그러한 경우 *실세계의 사용자들*에게 중요한 테스트입니다. 그럼에도 불구하고 여러분은 완벽한 단위 테스트의 커버리지로 성급하게 최적합니다. 이러한 접근법은 거의 가치가 없습니다. 불필요한 복잡성이 늘어나고 소프트웨어 개발 주기를 느리게 할 뿐입니다.

객체지향 세계로 최적화하기

객체지향적 접근법은 흔히 불필요한 복잡성을 만들고 성급한 "개념적" 최적화의 원인이 됩니다. 만약 복잡한 클래스들의 계층 구조를 사용하여 응용 프로그램을 모델링하길 원한다고 합시다. 자동차 경주에 관한 작은 게임을 작성했을 때, *Porsche* 클래스는 **Car** 클래스를 상속하고 이 클래스는 **Vehicle** 클래스를 상속하는 구조를 갖습니다.

결국 모든 포르셰는 차이고 모든 차는 이동 수단입니다. 하지만 다단계의 계층 구조는 코드 기반에 복잡성으로 이어지고 미래의 프로그래머들은 여러분의 코드가 무엇을 하는지 파악하는데 어려움을 겪을 것입니다. 많은 사례에서 이렇게 쌓여있는 계층 구조는 불필요한 복잡성을 추가합니다. MVP의 아이디어를 기반으로 복잡성을 피하세요. 가장 단순한 모델로 시작하고 필요할 때만 확장하세요. 응용 프로그램이 실제로 필요한 것보다 더 많은 세부 정보를 가진 세계를 모델링하기 위해 코드를 최적화하지 마세요.

성급한 최적화 이야기

이제 성급한 최적화가 야기하는 문제점들에 대해 일반적인 사항들을 알아보았으니 작은 파이썬 응용 프로그램을 작성하고, 수천 명의 사용자들을 위해 확장성을 제공할 필요는 없는 거래 추적을 위한 작은 응용 프로그램에서 실제로 성급한 최적화가 어떻게 불필요한 복잡성을 더하는지 알아봅시다.

앨리스, 밥과 칼은 매주 금요일 밤에 포커를 합니다. 그들은 매 시합 후 각 사람이 얼마의 빚을 남기는지 추적하는 시스템을 개발하기로 합니다. 앨리스는 열정적인 프로그래머로 코드 5-1과 같이 각 선수의 잔액을 추적하는 작은 응용 프로그램을 만듭니다.

```python
transactions = []
balances = {}


def transfer(sender, receiver, amount):
    transactions.append((sender, receiver, amount))
    if not sender in balances:
        balances[sender] = 0
    if not receiver in balances:
        balances[receiver] = 0
    balances[sender] -= amount
    balances[receiver] += amount

def get_balance(user):
    return balances[user]

def max_transaction():
    return max(transactions, key=lambda x:x[2])


transfer('Alice', 'Bob', 2000)
transfer('Bob', 'Carl', 4000)
transfer('Alice', 'Carl', 2000)
```

❶ ❷ ❸ ❹ ❺

```
print('Balance Alice: ' + str(get_balance('Alice')))
print('Balance Bob: ' + str(get_balance('Bob')))
print('Balance Carl: ' + str(get_balance('Carl')))

print('Max Transaction: ' + str(max_transaction()))

❻ transfer('Alice', 'Bob', 1000)
❼ transfer('Carl', 'Alice', 8000)

print('Balance Alice: ' + str(get_balance('Alice')))
print('Balance Bob: ' + str(get_balance('Bob')))
print('Balance Carl: ' + str(get_balance('Carl')))

print('Max Transaction: ' + str(max_transaction()))
```

코드 5-1. **거래와 잔액을 추적하는 단순한 스크립트**

예제에는 transactions와 balances라는 두 개의 전역 변수가 있습니다. 리스트 타입의 transactions 변수는 시합하는 동안 발생하는 선수들 사이의 거래들을 추적합니다. 각 거래는 sender 식별자, receiver 식별자와 송신자와 수신자 사이에 이전되는 amount의 튜플입니다. ❶ 딕셔너리 타입의 balances 변수는 각 선수의 현재 잔액을 추적합니다. 이 딕셔너리는 사용자의 식별자를 지금까지의 거래들을 기반으로 한 해당 사용자의 잔고로 매핑합니다. ❷

transfer(sender, receiver, amount) 함수는 전역 리스트에 새로운 거래를 생성하고 저장하며, 만약 송신자와 수신자가 존재하지 않으면 sender와 receiver에 대한 새로운 잔액을 생성하고, 주어진 amount 값에 따라 잔액을 갱신합니다. get_balance(user) 함수는 인수로 주어진 사용자의 잔액을 반환하고 max_transaction() 함수는 모든 거래를 순회하여 튜플의 세 번째 요소인 거래 금액이 최대인 거래의 튜플을 반환합니다.

처음에 모든 잔고는 0입니다. 응용 프로그램은 앨리스가 밥에게 2,000 단위를 이전하고❸ 밥은 칼에게 4,000 단위를 이전하고❹ 앨리스는 칼에게 2,000 단위를 이전합니다. ❺ 이 시점에서 앨리스는 4,000 단위의 빚을 지고(음의 잔고인 -4,000) 밥은 2,000 단위의 빚을 지고 칼은 6,000 단위를 가집니다. 최대 금액의 거래를 출력한 후에 앨리스는 1,000 단위를 밥에게 이전하고❻ 칼은 8,000 단위를 앨리스에게 이전합니다. ❼ 이제 계좌들이 변경되었습니다. 앨리스는 3,000 단위를 가지고 있고 밥은 -1,000 단위와 칼은 -2,000 단위입니다. 응용 프로그램의 실행 결과는 다음과 같습니다.

```
Balance Alice: -4000
Balance Bob: -2000
Balance Carl: 6000
Max Transaction: ('Bob', 'Carl', 4000)

Balance Alice: 3000
Balance Bob: -1000
Balance Carl: -2000
Max Transaction: ('Carl', 'Alice', 8000)
```

그러나 앨리스는 이 응용 프로그램이 만족스럽지 않습니다. 그녀는 max_transaction() 함수를 호출하면 중복된 계산이 발생한다는 것을 알았습니다. 함수가 두 번 호출되기 때문에 스크립트는 transactions 리스트를 두 번 순회하고 최대 금액을 가진 거래를 찾습니다. 하지만 max_transaction() 함수를 두 번째 계산할 때 그 함수는 최대 값을 찾기 위해 모든 거래를 순회하여 부분적으로 같은 계산을 다시 수행합니다. 즉, 이미 최대 값을 알고 있는 처음 3개 거래들❸ ~ ❺의 최댓값입니다. 앨리스는 max_transaction이라는 새로운 변수를 넣어 정확하게 *최적화의 잠재성*을 보았습니다. 이 변수는 새로운 거래가 생성될 때마다 지금까지의 최대 거래를 추적합니다.

코드 5-2는 앨리스가 추가한 이러한 변화를 구현하는 4줄의 코드입니다.

```
transactions = []
balances = {}
max_transaction = ('X', 'Y', float('-Inf'))

def transfer(sender, receiver, amount):
...
    global max_transaction
    if amount > max_transaction[2]:
        max_transaction = (sender, receiver, amount)
```

코드 5–2. 중복된 계산을 줄이는 최적화를 적용

max_transaction 변수는 지금까지 본 모든 거래들 중에 최대 금액의 거래를 유지합니다. 따라서 매번 시합에 대해 최댓값을 계산할 필요가 없습니다. 초기에 여러분은 최대 거래의 값을 음의 최댓값으로 설정하여 첫 번째 실제 거래는 반드시 그것보다 클 것입니다. 새로운 거래가 추가될 때 프로그램은 새로운 거래와 현재의 최댓값을 비교하고 그것이 더 크면 현재 거래는 최대 거래의 값이 됩니다. 최적화가 없는 상태로 1,000개의 거래 리스트에 대해 max_transaction() 함수를 1,000번 호출하였다면 1,000개의 최댓값을 찾기 위해 총 1,000,000(1,000 * 1,000) 번의 비교가 발생하게 됩니다. 최적화를 적용하면 각 함수 호출에 대해 max_transaction 변수에 현재 저장된 값을 얻으면 됩니다. 리스트에 1,000개의 거래가 있다면 최댓값을 최신으로 유지하기 위해 많아야 1,000번의 동작이면 됩니다. 필요한 동작의 횟수가 세 자릿수만큼 절감됩니다.

많은 프로그래머들은 그러한 최적화의 유혹을 저항할 수 없으나 그로 인한 복잡성이 증가됩니다. 앨리스의 경우 그녀의 친구들이 관심 있어할 만한 min_transaction, avg_transaction, median_transaction과 alice_max_transaction(그녀 자신의 최대 거래 값을 추적하는 변수)과 같은 부가적인 통계를 추적하는 변수들을 곧 추가할 것입니다. 각 변수로 인해 몇 줄의 코드들이 프로젝트에 추가되고 버그 발생 가능성도 증가합니다. 만약 앨리스가 적절한 위치에서 변수를 갱신하는 것을 잊었다면 그것을 고치는데 귀중한 시간을 소모해야 할 것입니다. 더 안좋은 상황으로 그 버그를 완전히 놓쳤다면 앨리스의 계좌 잔고가 오염되어 수백 달러의 손해를 볼 수도 있습니다. 그녀의 친구들은 심지어 앨리스가 자기에게 유리하게 코드를 작성했다고 의심할 수도 있습니다! 이 마지막 내용은 약간 농담조로 들릴 수도 있지만 실세계에서는 위험이 높습니다. 이차적 결과들은 더 예측 가능한 복잡성을 가진 일차적 결과들에 비해 훨씬 가혹할 수 있습니다.

만약 앨리스가 이 최적화가 성급한지 여부를 충분히 생각하여 *잠재적 최적화*를 적용하지 않았다면 이 모든 문제들을 방지할 수도 있었습니다. 앱의 목표는 세 친구 사이의 하룻밤 시합의 거래들을 중개하는 것입니다. 실제적으로 많아야 거래는 수백 건이고, max_transation( ) 함수의 호출 횟수도 최적화된 코드를 설계할 때 예측한 수천 번이라기보다는 열두 번 정도 일것입니다. 앨리스의 컴퓨터는 최적화되지 않은 코드도 아주 짧은 시간에 실행하고 밥과 칼도 그 코드가 최적화되지 않았다는 사실을 전혀 모를 것입니다. 게다가 최적화 이전의 코드는 더 단순하고 유지보수가 쉽습니다.

하지만 소문이 퍼지고 높은 성능, 높은 확장성과 장기간의 거래 기록들에 의존하는 카지노가 앨리스에게 같은 시스템을 구현하길 요청했다고 합시다. 그러한 경우에도 그녀는 여전히 추적을 빠르게 하는 대신, 최댓값을 재계산해야 하는 병목 현상을 고칠 수도 있습니다. 하지만 이제 그녀는 코드 복잡성을 더하는 것이 진짜로 좋은 투자가 되었음을 확신할 수 있습니다. 응용 프로그램에 실제로 필요할 때까지 최적화하는 것을 미룸으로써 불필요한 수십 개의 성급한 최적화들을 방지하였습니다.

성능 튜닝을 위한 6가지 팁

앨리스의 이야기는 성급한 최적화가 실제로 어떠한 모습인지 상세한 그림을 제공하고 또한 성공적으로 최적화하는 올바른 방법에 대해서도 넌지시 알려줍니다. 도날드 커누스가 최적화 자체는 모든 악의 근원이 아니라고 했음을 기억하는 것이 중요합니다. 대신 실제적 문제는 성급한 최적화입니다. 커누스의 인용문이 꽤 유명해졌는데 많은 사람들이 잘못 이해해서 그것을 모든 최적화에 반대하는 주장으로 받아들였습니다. 하지만 올바른 시기에 사용하면 최적화는 중대한 역할을 할 수 있습니다.

최근 수십 년의 빠른 기술적인 발전은 대게 최적화 때문이었습니다. 반도체 칩의 회로 교체, 알고리즘들과 소프트웨어 사용성은 시간이 지나면서 최적화되었습니다. 무어의 법칙에 따르면 전자계산(computing)을 놀랍게 저렴하고 효율적으로 만드는 컴퓨터 칩 기술의 발전이 장기간 동안 기하급수적으로 성장해왔습니다. 칩 기술의 발전에는 중요한 잠재력이 있으며 성급하다고 볼 수는 없습니다. 많은 사람들에게 가치를 창출한다면 최적화는 그 발전의 핵심입니다.

일반적으로 여러분은 성능 최적화 도구로부터 측정 등을 통해 최적화하려는 코드 부분 또한 함수가 진실로 병목 현상을 일으키는 원인 중 하나이고 응용 프로그램의 사용자들이 더 나은 성능에 감사하거나 혹은 요구하고 있다는 확실한 단서가 있을 때만 최적화해야 합니다. 윈도우 운영체제의 시작 속도를 최적화하는 것은 성급하지 않습니다. 왜냐하면 그것이 직접적으로 수백만의 사용자들에게 이득을 주기 때문입니다. 반면 매월 최대 1,000명 이하의 사용자를 가진 여러분의 웹 응용 프로그램의 확장성을 최적화하는 것은 그것이 오직 정적인 웹 사이트만 요청한다고 해도 성급한 최적화에 해당합니다. 응용 프로그램을 *개발하는* 비용은 그것을 *사용하는* 수천 명의 비용만큼 높지는 않습니다. 만약 여러분의 1시간을 들여 사용자의 몇 초를 절약해줄 수 있다면 보통은 이득입니다. 사용자가 많을수록 여러분의 투자한 시간보다 더 많은 이득을 얻어낼 수 있습니다. 이것이 우리가 컴퓨터를 앞서 사용하는 이유입니다. 조금의 자원을 투자하면 이후에 더 많은 자원들을 얻을 수 있습니다. 최적화는 항상 성급한 것이 아닙니다. 때때로 여러분은 한 발 앞서 가치 있는 제품을 만들기 위해 최적화해야 합니다. 왜 어떠한 가치도 생산하지 않는 최적화되지 않은 제품을 배포해야 하나요? 성급한 최적화를 피해야 하는 여러 이유들을 알아보았기 때문에 다음은 어떻게 해야 하고 언제 여러분의 코드를 최적화해야 하는지 선택하는데 도움을 주는 여섯 가지 성능 팁들을 알아볼 것입니다.

측정을 먼저, 개선은 다음

여러분의 소프트웨어의 성능을 측정하고 어디에서 개선될 수 있고 개선되어야 하는지 파악하세요. 측정할 수 없는 것은 개선될 수 없습니다. 왜냐하면 그 과정을 추적할 수 없기 때문입니다.

성급한 최적화는 흔히 여러분이 측정하기도 전에 최적화를 적용할 때 발생합니다. 이는 성급한 최적화가 모든 악의 근원이라는 생각의 직접적인 기반입니다. 여러분은 오직 최적화 이전의 코드의 메모리 사용량(memory footprint) 혹은 속도와 같은 성능을 측정해본 후에만 최적화해야 합니다. 이것이 여러분의 기준점(benchmark)입니다. 예를 들어 여러분이 현재의 실행 시간이 얼마인지 모른다면 그 성능을 향상할 부분도 존재하지 않습니다. 분명한 기준점이 존재하지 않으면 여러분의 "최적화"가 실제로 총 실행 시간을 증가시키는지 혹은 아무런 효과가 없는지 판별할 방법이 없습니다.

성능을 측정하는 일반적인 전략으로 먼저 작성하기 쉽고 단순하고 간단한 코드를 작성하세요. 이것은 프로토타입, 단순 접근법 혹은 MVP라고 부를 수 있습니다. 스프레드시트에 측정값을 적어 두세요. 이것이 첫 번째 기준점입니다. 대안적인 코드 해법을 만들고 기준점에 대하여 성능을 측정하세요. 엄격하게 여러분의 최적화가 코드 성능을 개선하였다면 새로운 최적화된 코드가 새로운 기준점이 됩니다. 이후에 모든 개선점은 이것을 뛰어넘는 것을 목표로 합니다. 만약 최적화가 충분히 코드 성능을 개선하지 않았다면 폐기하세요.

이러한 방식으로 여러분은 시간에 지남에 따라 코드의 개선사항을 추적할 수 있습니다. 여러분은 또한 여러분의 상사, 동료 혹은 과학자 커뮤니티 등에도 이러한 개선사항을 문서화, 증명 혹은 방어할 수 있습니다.

파레토가 왕

2장에서 배운 80:20 원칙 혹은 파레토 원칙은 성능 최적화에도 적용됩니다. 어떤 기능들은 다른 기능보다 시간과 메모리 사용량 등의 상당히 많은 자원들을 소모하기 때문에 이들과 같은 병목들을 개선하는 것에 집중하면 여러분의 코드를 효과적으로 최적화할 수 있습니다.

필자의 운영체제에서 병렬적으로 실행되는 서로 다른 프로세스들의 높은 불균형을 예로 들기 위해 그림 5-1의 CPU 사용량을 보세요.

그림 5-1. 윈도우 PC에서 실행 중인 다른 응용 프로그램들의 CPU 사용량의 비균등 분포

그림 5-1을 파이썬에서 그래프로 그린다면 그림 5-2와 같이 파레토와 유사한 분포가 될 것입니다.

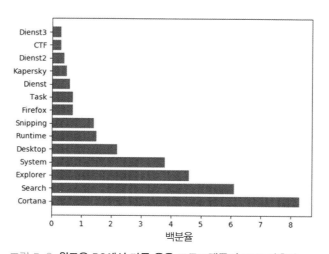

그림 5-2. 윈도우 PC에서 다른 응용 프로그램들의 CPU 사용량

작은 퍼센트의 응용 프로그램 코드가 상당한 CPU 사용량을 요구합니다. 만약 필자의 컴퓨터에서 CPU 사용량을 줄이기 원한다면 단지 Cortana와 Search 프로세스만 종료시키면 되고, 짜잔! 그림 5-3과 같이 상당한 비율의 CPU 부하가 사라졌습니다.

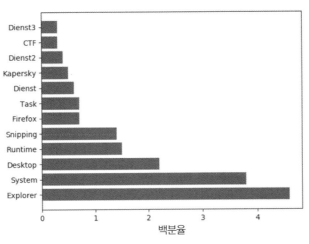

그림 5-3. 필요하지 않은 응용 프로그램을 종료시켜 윈도우 시스템을 "최적화"한 결과

가장 높은 사용량을 가진 두 개의 태스크를 제거하여 CPU 부하가 상당히 줄었지만 새로운 그래프는 그전에 봤던 그래프의 모양과 유사하다는 것을 주목하세요. 다시 Explorer와 System이 나머지에 비해 훨씬 많은 부하를 주고 있습니다. 이것은 성능 튜닝의 중요한 법칙인 "성능 최적화는 프랙탈이다"라는 것을 알려줍니다. 만약 하나의 병목을 제거하면 숨어있던 또 다른 병목을 즉시 발견하게 될 것입니다. 병목은 어떤 시스템에도 존재하지만 여러분이 반복적으로 나올 때마다 제거해나가면 여러분은 최대의 "투자의 본전을 뽑는"지점에 도달할 것입니다. 실무 프로젝트에서 여러분은 대다수의 자원들을(예를 들면 CPU 사이클)을 소모하는 상대적으로 소수의 함수라는 동일한 분포를 발견할 것입니다. 여러분은 흔히 가장 많은 자원들을 소모하는 병목 함수를 최적화하는데 노력을 집중하며 이때 그것을 세련된 알고리즘으로 재작성하거나, 예를 들어 중간 결과를 캐싱하는 등의 방법으로 계산을 피할 수 있는 방법들을 생각합니다. 물론 현재의 병목을 해결하면 바로 다음 병목이 나옵니다. 그것이 여러분의 코드의 성능을 측정하고 언제 최적화를 중단해야 할지를 판단하는 이유입니다. 예를 들어 2ms에서 1ms로 웹 응용 프로그램의 응답 시간을 최적화하는 것은 사용자가 그 차이를 인식하지 못하는 한 최적화할 의미가 없습니다. 최적화와 파레토 원칙의 프랙탈적 특징(2장 참조)때문에 작은 성과를 얻기 위해 많은 노력과 개발자의 시간이 투입될 수 있으며, 이는 사용성 혹은 응용 프로그램의 유용성 측면에서 거의 얻을 것이 없습니다.

알고리즘 최적화가 최고

사용자 피드백과 통계에서 여러분의 응용 프로그램이 너무 느리다고 나왔기 때문에 어떤 최적화를 하기로 결정했다고 합시다. 여러분은 현재의 속도를 초당 혹은 바이트 단위로 측정했고 목표로 하는 속도를 알고 있고 병목을 찾았습니다. 그다음 단계는 병목을 어떻게 극복할지 알아내는 것입니다.

많은 병목들은 알고리즘과 자료구조를 튜닝하여 해결할 수 있습니다. 예를 들어 금융 관련 응용 프로그램을 개발한다고 가정합니다. 병목은 calculate_ROI( ) 함수이고 이 함수는 잠재적인 구매와 판매점들을 모두 조합하여 최대 이익을 계산합니다. 이 함수 가 전체 응용 프로그램의 병목이기 때문에 여러분은 더 좋은 알고리즘을 찾고 싶습니다. 약간의 조사 후에 여러분은 그 함수의 계산 속도를 상당히 빠르게 해 줄 단순하고 강력한 대체품인 *최대 이익 알고리즘*을 발견합니다. 병목을 유발하는 자료구조들에 대해서도 동일한 조사를 할 수 있습니다.

병목을 줄이고 성능을 최적화하기 위해 스스로 질문해보세요:

- 기존보다 더 나은 알고리즘이 있는가? 예를 들어 책, 연구 논문 혹은 위키백과?
- 여러분의 특정 문제를 위한 기존 알고리즘들을 살짝 수정할 수 있는가?
- 자료구조를 개선할 수 있는가? 알려진 쉬운 해법들에는 리스트 대신 집합을 사용하기(예를 들어 회원을 검사할 때는 리스트보다 집합이 훨씬 빠름) 혹은 튜플들의 컬렉션 대신에 딕셔너리 사용하기.

이러한 질문들에 대해 조사하는데 시간을 투자하는 것은 여러분의 응용 프로그램과 본인 모두에 도움이 됩니다. 이 과정에서 여러분은 더 좋은 컴퓨터 공학자로 성장할 것입니다.

캐시 만세

앞의 팁에 기반하여 필요한 변경점을 만들었다면 이제는 불필요한 계산을 제거하는 약식의 간단한 기법으로 넘어갑니다. 여러분이 이미 수행했던 계산들의 어떤 부분 집합의 결과를 캐시에 저장하는 것입니다. 이 기법은 다양한 응용 프로그램들에서 상당히 잘 동작합니다. 어떤 새로운 계산을 수행하기 전에 먼저 그 계산을 이미 수행한 적이 있는지 캐시를 먼저 검사합니다. 이것은 여러분의 머릿속에서 단순한 계산들을 어떻게 하는지와 유사합니다. 어떤 지점에서 여러분은 6 * 5 라는 식을 *실제로* 머리에서 계산하지 않고 단지 그 결과를 기억에서 바로 가져옵니다. 결과적으로 캐싱은 여러분의 응용 프로그램에서 동일한 형식의 중간 계산들이 여러 번 나올 때 가치가 있습니다. 운이 좋게도 대부분의 실세계의 응용 프로그램들에도 해당됩니다. 예를 들어 특정 일자에 수천 명의 사용자들은 동일한 유튜브 동영상을 시청할 것이고 그것을 수천 마일이 떨어진 데이터 센터가 아니라 사용자 근처 지역에 캐싱하면 희소한 네트워크 대역폭 자원을 절약할 수 있습니다.

캐싱으로 상당한 성능 향상을 가져오는 짧은 코드 예제를 알아봅시다. 다음은 피보나치 알고리즘입니다.

```
def fib(n):
    if n < 2:
        return n
    fib_n = fib(n-1) + fib(n-2)
    return fib_n

print(fib(100))
```

코드를 실행하면 수열의 마지막과 그 직전의 요소들을 100번째 수열 요소까지 반복적으로 더한 결과가 출력됩니다.

```
354224848179261915075
```

이 알고리즘은 느린데, 그 이유는 fib(n-1)과 fib(n-2) 함수가 거의 같은 것들을 계산하기 때문입니다. 예를 들어 두 함수는 서로의 중복적인 계산 결과를 재사용하지 않고 별도로 n-3 번째 피보나치 수열 요소의 값을 계산합니다. 이러한 단순한 함수 호출 조차도 중복이 쌓이면 전체 계산 시간이 크게 증가합니다.

여기서 성능을 개선하는 한 가지 방법은 캐시를 만드는 것입니다. *캐싱*하면 이전 계산들의 결과가 저장되고 이 경우 fib(n-3) 결과는 한 번만 계산되기 때문에 필요할 때는 캐시에서 그 결과를 즉시 가져올 수 있습니다.

파이썬으로 우리는 각 함수의 입력(예를 들어 입력 문자열)을 함수의 출력으로 매핑하는 딕셔너리를 만들어 단순한 캐시를 만들 수 있습니다. 이미 계산한 결과 값은 캐시에 질의하여 가져올 수 있습니다.

캐싱 기능이 추가된 파이썬 예제는 다음과 같습니다.

```
cache = dict()

def fib(n):
    if n in cache:
        return cache[n]
    if n < 2:
        return n
    fib_n = fib(n-1) + fib(n-2)
```

```
❶ cache[n] = fib_n
  return fib_n
```

```
print(fib(100))
# 354224848179261915075
```

---

fib(n-1) + fib(n-2)의 결과는 캐시를 캐시에 저장합니다.❶ 만약 n 번째 피보나치 숫자 결과를 가지고 있다면 그것을 다시 재계산하지 않고 캐시에서 가져옵니다. 필자의 머신을 기준으로 처음 40개의 피보나치 숫자들을 계산할 때 대략 속도가 2,000배 향상되었습니다!

효과적인 캐싱에는 두 가지 기본 전략이 있습니다.

사전에 (오프라인으로)계산들을 수행하고 수행된 결과들을 캐시에 저장한다.

이것은 대용량 캐시를 한 번 혹은 하루에 한 번씩 채울 수 있는 웹 응용 프로그램에서 훌륭한 전략이며 사전 계산된 결과들을 사용자들에게 제공합니다. 사용자 입장에서 여러분의 계산은 격렬하게 빠른 것으로 보입니다. 매핑 서비스는 이러한 기법을 심하게 사용하여 최단 경로 계산의 속도를 높입니다.

표시되는 대로 (온라인으로)계산들을 수행하고 그 결과들을 캐시에 저장한다.

한 예는 온라인 비트코인 주소 검사기로 모든 들어오는 거래들의 합을 구하고 모든 나가는 거래들을 공제하여 주어진 비트 코인 주소의 잔액을 계산합니다. 계산이 완료되면 이 주소에 대한 중간 결과들을 캐시하여 동일한 사용자가 다시 검사할 때 동일한 거래를 다시 계산하는 것을 피합니다. 이 반응적 형태가 캐싱의 가장 기본적인 형태로 여러분은 어떤 계산을 사전에 수행할지 결정할 필요가 없습니다.

이 두 경우에서 여러분이 더 많은 계산을 저장할수록, 관련된 계산 결과가 즉시 반환될 수 있는 캐시 히트의 가능성이 커집니다. 하지만 일반적으로 여러분이 저장할 수 있는 캐시 수의 메모리 제한이 있기 때문에 *캐시 교체 정책*을 사려 깊게 세워야 합니다. 캐시가 제한된 크기를 가질수록 캐시는 빠르게 채워집니다. 그 점에서 캐시는 예전 값을 교체해야만 새로운 값을 저장할 수 있습니다. 일반적인 교체 정책은 *선입 선출(FIFO)*로 가장 오래된 캐시 항목을 새로운 것으로 교체합니다. 최상의 전략은 실제 응용 프로그램에 따라 다르지만 선입 선출을 먼저 시도해보는 것이 바람직합니다.

적은 게 더 많다(Less is More)

여러분의 문제가 효율적으로 풀기에 너무 어렵나요? 더 쉽게 만드세요! 분명해 보이지만 너무나 많은 프로그래머들은 완벽주의자들입니다. 사용자들은 거의 알지도 못하는 작은 기능을 구현하는 데 거대한 복잡성과 계산의 오버헤드를 받아들입니다. 최적화하기보다 복잡성을 줄이고 불필요한 기능들과 계산들을 제거하는 것이 훨씬 좋습니다. 검색 엔진 개발자가 직면한 문제들을 생각해보세요. 예를 들어 "주어진 검색 질의의 완벽한 검색 결과는 무엇인가?"라는 문제에 대해 최적의 해법을 찾는 것은 극도로 어렵고 수십억 개의 웹 사이트들을 탐색해야 할 수도 있습니다. 하지만 구글과 같은 검색엔진들은 최적화하여 문제를 풀지 않습니다. 대신 휴리스틱을 사용하여 그들이 가진 시간 안에 최선의 결과를 반환합니다. 어떤 사용자 검색 질의에 대해서 수십억 개의 웹사이트를 조사하는 대신 그들은 (유명한 페이지 랭크(PageRank) 알고리즘과 같은)대략의 휴리스틱을 사용하여 개별 웹 사이트의 품질을 추정하여 몇 개의 높은 확률의 추측에 집중하고 다른 고품질의 웹사이트가 질의에 매치되지 않는다면 차선의 웹사이트를 찾습니다. 여러분도 대부분의 경우 최적의 알고리즘보다는 휴리스틱들을 사용해야 합니다. 스스로 다음과 같은 질문들을 해보세요. 현재 계산 병목은 무엇 때문인가? 왜 존재하는가? 어쨌든 그 문제를 풀어야 하는 노력에 가치가 있는가? 그 기능을 제거하거나 작은 규모로 제공할 수 있는가? 만약 그 기능이 1퍼센트의 사용자가 사용하지만 100퍼센트의 사용자는 응답 지연을 경험한다면 어떤 최소주의(거의 사용되지 않는 기능은 제거하고 그것을 사용하는 일부 사용자들에게만 불편을 줌)의 적용도 고려할 수 있을 것입니다.

여러분의 코드를 단순화하기 위해 다음의 내용 중 하나가 타당한지 생각해보세요.

- 단지 그 기능을 생략하여 여러분의 현재 병목을 완전히 제거하기
- 문제를 단순화한 것으로 교체하여 문제를 단순화하기
- 80:20 정책에 따라 1개의 값비싼 기능을 제거하고 10개의 싼 기능들을 추가하기
- 훨씬 더 중요한 기능에 집중하기 위해 중요한 한 개의 기능을 누락시키기. 기회비용을 고려하세요.

멈춰야 할 때를 알기

성능 최적화는 코딩하는데 가장 많은 시간을 필요로 하는 작업 중 하나입니다. 항상 개선의 여지는 있지만 쉽게 달성할 수 있는 목표를 이미 이룬 상태에서는 이후의 성능 향상에 필요한 노력이 계속 증가되는 경향이 있습니다. 이 지점에서 성능을 개선하는 것은 단지 시간 낭비입니다.

스스로에게 정기적으로 물어보세요. 최적화를 계속하는 노력이 가치가 있는가? 그 답은 보통은 여러분의 응용 프로그램의 사용자들에 대해 공부함으로써 얻을 수 있습니다. 그들은 어떤 성능을 필요로 하는가? 사용자들은 원래 버전과 최적화된 버전의 차이를 인지할 수 있는가? 일부 사용자들이 나쁜 성능으로 불평하는가? 이들 질문들에 답하면서 응용 프로그램에 허용되는 최대 실행시간의 대략적인 추정치를 얻을 수 있습니다. 이제 그 경계점에 이르면 병목들을 최적화하기 시작합니다. 그다음 멈춥니다.

결론

이 장에서는 성급한 최적화를 피하는 것이 왜 중요한지 배웠습니다. 최적화는 추가되는 가치보다 투입되는 가치가 더 크다면 성급합니다. 프로젝트에 따라 가치는 개발 시간, 사용성 지표들, 앱 혹은 기능의 예상되는 수익 혹은 사용자의 하위 그룹의 유용성 등이 될 수 있습니다. 예를 들어 최적화가 수천 명의 사용자들의 시간 혹은 돈을 절약하였다면 심지어 코드 기반을 최적화하는데 상당한 개발자의 시간을 쏟았다고 해도 성급한 것이 아닙니다. 하지만 최적화가 사용자 혹은 개발자들의 삶의 질 향상으로 이어지지 않았다면 성급한 것입니다. 맞습니다. 소프트웨어 공학 프로세스에 더 많은 고급 모형들이 있지만, 성급한 최적화에 관한 상식과 일반적인 위험 인식은 소프트웨어 개발 모형에 대한 고급 서적 혹은 연구 논문들을 보지 않아도 유용합니다. 예를 들어 유용한 경험 법칙 중 하나는 시작할 때 읽기 쉽고 클린 코드를 작성하며, 성능에 관해 너무 많이 고민하지 않고, 경험, 성능 측정 도구로부터 얻은 단단한 사실들과 사용자 연구에서 얻은 실세계의 결과들을 바탕으로 기대 가치가 높은 부분들을 최적화하라는 것입니다.

다음 장에서 여러분은 프로그래머의 최고의 친구인 몰입(flow)의 개념에 대해 배울 것입니다.

6

몰입

몰입은 인간의 궁극적인 성능을 위한 소스 코드이다.

스티븐 코틀러(Steven Kotler)

몰입(flow)의 개념과 그것을 사용하여 어떻게 프로그래밍 생산성을 높일 수 있는지에 대해 배웁니다. 많은 프로그래머들은 사무실 환경에서 지속적인 간섭, 회의와 다른 주의를 분산시키는 일들로 인해 거의 순수한 상태의 생산적인 프로그래밍을 하는 것이 불가능합니다. 몰입이 무엇이고 실무에서 어떻게 그것을 달성할지에 대해 더 많은 통찰력을 얻기 위해 우리는 이 장에서 많은 사례들을 조사할 것이지만 일반적으로 말해서 몰입은 순수한 집중과 초점의 상태입니다. 어떤 사람들은 "무아지경"이라고 부르기도 합니다.

몰입은 엄격하게 프로그래밍에 관한 개념은 아니지만 어떤 분야의 어떤 업무에도 적용될 수 있습니다. 여기서 우리는 어떻게 몰입 상태에 이르고 여러분에게 어떻게 유용한지에 대해 알아봅니다.

몰입은 무엇인가?

몰입의 개념은 미하이 칙센트미하이(Mihaly Csikszentmihalyi)에 의해 유명해졌으며 그는 클레어몬트 대학원의 심리학과 경영학의 석좌 교수이고 시카고 대학에서 심리학과장을 역임하였습니다. 1990년에 칙센트 미하이는 그의 생애의 연구에 관한 획기적인 책인 <몰입>을 출간하였습니다.[1]

하지만 몰입이란 무엇일까요? 다소 주관적으로 느껴지는 정의에 대해 알아보겠습니다. 그다음에 우리는 여러분이 측정할 수 있는 것에 기반한 몰입의 좀 더 실질적인 정의에 대해서도 배웁니다. 프로그래머로서 여러분은 두 번째 정의가 더 좋을 것입니다!

몰입을 경험하는 것은 현재의 업무에 완전히 몰두한 상태입니다. 초점있고 집중된 상태입니다. 시간에 대해 잊어버리고 물아일체의 상태이고 무엇에 꽂힌 상태입니다. 황홀감을 느낄지도 모르고 다른 일상의 모든 짐에서 해방된 느낌입니다. 내적 명료함이 증가하고 여러분이 다음에 해야 할 것이 분명해집니다. 하나에서 어떤 다른 것으로 활동의 흐름이 자연스럽습니다. 다음 활동을 완료할 수 있다는 여러분의 자신감이 흔들리지 않습니다. 업무를 완료하는 것은 그 자체로 보상이 되며 여러분은 매 시간을 즐깁니다. 여러분의 성과와 결과가 폭발적으로 상향됩니다.

칙센트미하이의 심리학 연구에 따르면 몰입의 상태는 여섯 가지의 요소를 갖습니다.

주의(Attention)   깊은 집중과 완전한 초점을 맞추는 상태를 느낍니다.

활동(Action)   활동에 대한 편향을 느끼고 현재 과업을 빠르고 효율적으로 진행합니다. 집중된 인식이 추진력을 높이는 데 도움이 됩니다. 모든 행동이 다음 행동으로 전달되고 성공적인 활동의 흐름이 형성됩니다.

자아(Self)   자기 자신에 대해 덜 의식하고 내적인 비판, 의심과 두려움을 접습니다. 자신에 대해 생각하는 것보다(반성) 현재 진행 중인 과업을 더 고민하고(행동) 현재 눈앞의 일에 몰두하게 됩니다.

---

1   **(역자 주)** 국내 번역본은 <몰입의 즐거움>(해냄, 2021) 입니다.

통제감(Control) 자신에 대해 덜 의식하는 만큼 현재의 상황에 대한 높아진 통제감을 즐깁니다. 침착하게 자신감을 주고 틀 밖에서 생각하도록 하고 창의적인 해법을 개발합니다.

시간(Time) 시간이 흐르는 것도 망각합니다.

보상(Reward) 활동 자체를 원합니다. 외적인 보상이 없어도 활동에 몰입된 상태가 본질적으로 보상 그 자체입니다.

*몰입*과 *주의*라는 용어는 밀접하게 연관되어 있습니다. 2013년에 주의력 결핍 및 과잉 행동 장애(ADHD)에 관한 논문에서 로니 스클라르(Rony Sklar)는 *주의력 결핍*이라는 용어가 그것을 겪는 환자가 집중할 수 없다는 의미로 잘못 암시되고 있다고 지적합니다. 몰입의 다른 용어는 *과집중(hyperfocus)*이고 수많은 심리학 연구자들은(예를 들어 카우프만(Kaufmann)) ADHD 환자들의 경우 과집중하는 능력은 꽤 보유하고 있으며 그들이 오직 본질적으로 보상받지 않는 과업에 대한 주의를 유지하는데 어려움을 겪는다는 것을 증명하였습니다. 여러분이 즐기지 않은 어떤 일에 집중하기 어렵다는 것이 ADHD 진단으로 이어지지는 않습니다.

하지만 신나는 게임에 완전히 빠져들어 봤거나, 재밌는 앱을 코딩하거나 혹은 흥미로운 영화를 시청했다면 여러분은 몰입에 이르는 것이 그 활동을 좋아하는 만큼 쉬워진다는 것을 알 것입니다. 몰입의 상태에서 여러분의 신체는 엔도르핀, 도파민과 세로토닌과 같은 다섯 가지 *기분 좋은* 신경 화학적 쾌락 물질들을 분비합니다. 그것은 기분 전환 약제를 사용하는 혜택을 경험하지만 어떠한 부정적인 결과가 없는 것과 같습니다. 칙센트미하이 조차 몰입에 중독성이 있다고 경고하였습니다. 프로그래밍과 같은 생산적인 노력들에 대해 몰입의 상태에 들어가는 방법을 배우면 여러분은 더 똑똑해지고 생산성도 향상됩니다.

이제 여러분은 궁금할 것입니다. 핵심이 무엇인가요? 어떻게 하면 몰입할 수 있죠? 이제 답을 해드리겠습니다.

몰입에 이르는 법

칙센트미하이는 몰입에 이르는 세 가지 조건을 제시하였습니다. (1) 목표가 분명할 것 (2) 여러분의 환경에서 피드백이 즉시 이루어질 것 (3) 기회와 능력의 균형을 이룰 것

분명한 목표

코딩을 한다면 여러분은 세부 활동이 형성하는 분명한 최종 목표를 가져야 합니다. 몰입의 상태에서 모든 활동은 다음으로 자연스럽게 이어지고 또 그다음으로 이어져서 결국 최종 목표에 이릅니다. 사람들은 흔히 컴퓨터 게임들을 할 때 몰입의 상태에 도달하는데 그 이유는 움직이는 장애물을 넘는 등의 작은 활동들이 모여 여러분은 그 스테이지를 깨는 등의 궁극적으로 큰 목표로 이어지기 때문입니다. 프로그래밍 생산성을 가속화하기 위해 몰입을 사용하려면 여러분은 분명한 프로젝트 목표를 가져야 합니다. 코드의 모든 행이 더 큰 코드 프로젝트의 성공적인 완료로 긴밀하게 이어져야 합니다. 여러분이 작성한 코드 라인들을 추적하는 것은 코딩 작업을 게임화하는 한 가지 방법입니다.

피드백 구조

피드백 구조가 바람직한 행동을 상주고 바람직하지 않은 행동에 대해 벌을 줍니다. 머신러닝 공학자들은 고도로 효과적인 모델을 훈련시키기 위해서는 훌륭한 피드백 구조가 필요하다는 것을 압니다. 예를 들어 여러분이 로봇이 걷도록 가르치려면 매초 넘어지지 않으면 상을 주고 전체 보상을 최대화하는 최적화를 하도록 요청합니다. 그러면 로봇은 자동으로 시간이 흐르면서 최대 보상을 얻을 수 있도록 행동을 조정합니다. 인간은 새로운 것들을 배울 때 이와 유사하게 행동합니다. 우리는 부모, 교사, 친구 혹은 멘토와 심지어 좋아하지 않는 이웃들로부터 공감을 구하며 (사회적인) 벌은 최소화하고 공감은 최대화하도록 우리의 행동을 조절합니다. 이러한 방식으로 우리는 특정 행동들을 채택하고 그 외의 것들은 회피합니다. 피드백을 받는 것은 이러한 배움의 방식에서 필수적입니다.

피드백은 몰입을 위한 선조건입니다. 여러분의 업무에서 더 많은 몰입을 구현하기 위해서는 더 많은 피드백을 구하세요. 프로젝트 파트너들과 정기적으로 만나 여러분의 코드와 프로젝트 목표에 대해 토론하고 파트너들의 피드백을 통합하세요. 여러분의 코드를 레딧(Reddit) 혹은 스택오버플로우에 올리고 피드백을 요청하세요. 여러분의 MVP를 조기에 배포하고 사용자 피드백을 받으세요. 여러분의 프로그래밍 노력에 대해 피드백을 구하는 것은 비록 만족감이 늦게 오더라도 큰 매력처럼 느껴질 것입니다. 왜냐하면 이로 인해 피드백으로 이어지는 활동에 대한 여러분의 관여 수준이 높아질 것이기 때문입니다. 필자가 파이썬 학습에 관한 응용 프로그램인 핀스터를 출시한 후 사용자로부터 끊임없는 피드백을 받기 시작했고 그것에 매료되었습니다. 피드백으로 인해 필자는 코드로 다시 돌아가 앱을 개선하는 코드 작업을 통해 지속적으로 여러 번 몰입 상태를 가질 수 있었습니다.

기회와 능력의 균형

몰입은 적극적인 마음의 상태입니다. 과업이 너무 쉽다면 여러분은 지루하고 몰두하기 어렵습니다. 만약 너무 어렵다면 조기에 포기할 것입니다. 과업은 도전적이지만 압도당해서는 안됩니다.

그림 6-1은 가능한 마음의 상태의 풍경을 표시합니다. 이미지는 칙센트미하이의 연구에서 발췌하여 다시 그렸습니다.

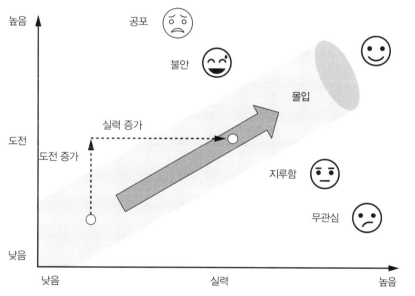

그림 6-1. **몰입의 상태에서 도전은 실력에 비해 너무 어렵지도 너무 쉽지도 않아야 합니다.**

x 축은 여러분의 실력을 낮음에서 높음까지 수량화하고 y 축은 주어진 과업의 난이도를 낮음에서 높음까지 수량화합니다. 따라서 예를 들어 과업이 여러분의 실력보다 훨씬 어렵다면 여러분은 공포를 느낄 것이고, 과업이 너무 쉽다면 무관심해질 것입니다. 하지만 과업의 난이도가 현재의 실력과 맞는다면 몰입에 이르게 될 가능성이 최대화됩니다.

불안 수준에 이르지 않고 지속적으로 더 어려운 도전들을 추구하고 그에 맞게 여러분의 실력을 향상해야 합니다. 이러한 학습 고리는 여러분의 생산성과 실력을 더 높이고 동시에 업무에서도 더 큰 즐거움의 순환으로 이어집니다.

프로그래머를 위한 몰입 팁

2015년의 Human Factors International 사의 백서인 "즐거운 사용자 경험을 만들기: 몰입을 촉진하는 방법"에서 오웬 쉐퍼(Owen Schaffer)는 일곱 가지 몰입의 조건을 발견하였습니다. (1) 무엇을 할지 알기 (2) 어떻게 할지 알기 (3) 어떻게 잘할지 알기 (4) 어디로 갈지 알기 (5) 도전들을 찾기 (6) 실력을 다하여 높은 도전을 극복하기 (7) 주의분산을 멀리하기. 이러한 조건들과 필자의 검토사항에 기반하여, 코딩 분야에 극히 편향된 몰입에 이를 수 있는 빠른 팁들과 전술들은 다음과 같습니다.

항상 업무에서 실용적인 코드 프로젝트를 진행하세요.

집중되지 않은 학습의 상태로 여러분의 시간을 사용하지 마세요. 여러분이 실제로 관여하는 일에 영향을 줄 수 있을 때 여러분은 새로운 정보를 빠르게 흡수하게 됩니다. 여러분의 학습 시간의 70퍼센트는 여러분이 고른 실용적이고 재미있는 프로젝트에 투자하고 나머지 30퍼센트는 책과 튜토리얼을 읽거나 교육 과정을 시청하세요. 핀스터 커뮤니티에 있는 수천 명의 프로그래머들과 개인적 상호작용과 서신 활동을 해본 결과 프로그래밍을 배우는 상당수의 학생들이 이와 반대 방향으로 학습의 고리에만 머무르고 결코 실제 프로젝트로 도약할 준비가 되었다는 느낌을 전혀 받지 못하고 있었습니다. 항상 같은 이야기입니다. 이러한 프로그래머들은 프로그래밍 이론, 학습에 갇혀 있고, 실용적 응용 프로그램을 만들지 않고 학습하며, 심지어 그들의 지식적 한계점만 부각됩니다. 아무것도 할 수 없는 마비 상태로 가는 개미지옥과 같습니다. 이것을 탈출하려면 분명한 프로젝트 목표를 세우고, 그 프로젝트를 어떤 일이 있어도 완료해야 합니다. 이것은 세 개의 몰입 사전조건 중 하나와 일치합니다.

여러분의 목적을 달성하는 펀(fun) 프로젝트를 작업하세요.

몰입은 일종의 흥분된 상태로 여러분도 그 작업에 신이 나야 합니다. 여러분의 실무 프로그래머라면 여러분의 작업의 목적에 대해 생각하는 시간을 가져보세요. 여러분의 프로젝트의 가치를 발견하세요. 만약 여러분이 프로그래밍을 배우고 있다면 운이 좋게도 신이 나는 펀 프로젝트를 고를 수 있습니다! 여러분에게 의미있는 프로젝트를 작업하세요. 더 즐겁고 더 높은 확률로 성공할 수 있고 일시적인 차질에도 더 높은 회복력을 보일 것입니다. 만약 아침에 일어나서 프로젝트를 작업할 때까지 기다릴 수 없다면 여러분은 거의 몰입의 목전에 온 것입니다.

강점 기반으로 작업하세요.

경영 컨설턴트인 피터 드러커의 이 팁은 매우 귀중합니다. 항상 여러분이 강점인

곳보다 약점인 영역이 더 많을 것입니다. 대부분의 활동에서 여러분의 실력은 평균보다 낮습니다. 약점에 집중한다면 여러분은 사실상 실패할 확률이 높습니다. 대신에 강점에 집중하고 그 주변에 거대한 실력의 섬을 구축하고 여러분의 약점의 대부분을 근본적으로 무시하세요. 여러분은 무엇을 잘하나요? 컴퓨터 과학이라는 넓은 영역에서 여러분의 특정 관심사는 무엇인가요? 이들 질문들에 답변 목록을 만들어보세요. 여러분의 발전에 가장 이득이 될 활동 중 하나는 강점을 알아내고 인정사정 볼 것 없이 하루를 강점들로 구축하는 것입니다.

코딩하는 시간을 큰 단위로 잡으세요.

모든 프로그래머들은 복잡한 코드 프로젝트를 머릿속으로 로딩하는데 시간이 필요한데, 이것은 여러분 앞에 놓인 이슈들과 업무들을 이해하고 업무에 리듬을 타게 할 시간을 줍니다. 앨리스와 밥이 주어진 코드 프로젝트에서 근무하고 있다고 가정해보겠습니다. 각자가 코드 프로젝트를 훑어보고 몇 개의 코드 함수를 살피고 큰 그림을 생각하면서 요구사항을 완전히 이해하는데 20분이 걸립니다. 앨리스는 프로젝트에 3일에 한 번씩 3시간을 투자하고 밥은 매일 1시간을 투자합니다. 누가 더 많은 진도를 나갈 수 있을까요? 앨리스는 프로젝트에 일 평균 53분([3시간 - 20분] / 3)을 작업합니다. 밥은 고정된 로딩 시간이 높아서 매일 프로젝트에 40분만 작업합니다. 따라서 모든 다른 조건이 동일하다면 앨리스는 밥보다 매일 13분 더 근무합니다. 그녀는 문제에 더 깊이 빠져들고 자신을 그 안에 몰아넣는 몰입의 상태에 이르게 될 확률이 훨씬 더 높습니다.

몰입 시간 동안 주의 분산을 제거하세요.

분명한 얘기지만 어떻게 소셜 네트워크들, 예능 앱들과 동료들과의 채팅과 같은 것들을 거부할 수 있나요! 주의 분산을 줄일 수 있는 프로그래머들은 그럴 수 없는 사람들보다 훨씬 더 자주 몰입에 이릅니다. 성공하려면 다른 사람들이 기꺼이 하지 못하는 것들을 해야만 합니다. 주의 분산을 멈추세요. 스마트폰을 끄고 소셜 매체의 알림을 닫으세요.

반드시 해야 한다고 알고 있는 분명한 것들을 하세요.

현재의 업무 외에, 충분하게 수면하기, 건강하게 식사하기와 규칙적으로 운동하기 등입니다. 프로그래머로서 여러분은 *쓰레기가 들어가면 쓰레기가 나온다*는 표현을 잘 알고 있습니다. 만약 여러분이 시스템에 불량 입력을 넣으면 그 결과도 불량하게 나올 것입니다. 썩은 음식으로 맛있는 음식을 만든다는 것은 불가능한 일입니다. 고품질의 입력이 고품질의 출력을 만들어 냅니다.

고품질의 정보를 소비하세요.

왜냐하면 입력이 좋을수록 여러분의 성과도 좋아지기 때문입니다. 얕은 블로그 기사들보다는 프로그래밍 책을 읽고 고품질의 정보가 포함된 상위 저널에서 발행된 연구 논문들을 읽으면 더욱 좋습니다.

결론

요약하면 여러분이 몰입에 이를 수 있는 가장 쉬운 몇 가지 방법들이 있습니다. 시간을 큰 단위로 자르기, 한 가지 일에 집중하기, 건강하고 적절히 수면하기, 분명한 목표를 세우기, 여러분이 좋아하는 일을 찾기와 적극적으로 몰입을 경험하기입니다.

몰입을 얻고자 하면 여러분은 결국 찾게 될 것입니다. 매일 체계적으로 몰입 상태에서 근무한다면 여러분의 생산성은 비약적으로 향상될 것입니다. 몰입은 프로그래머와 다른 지식 노동자들에게 똑같이 단순하지만 강력한 개념입니다. 미하이 칙센트미하이는 다음과 같이 말합니다.

"우리의 삶에서 최상의 순간들은 수동적이고, 수용적이고 느긋한 순간들이 아닙니다. 최상의 순간들은 보통 어떤 사람이 신체 혹은 정신의 자발적 노력을 그 한계까지 뻗어 어렵고 가치 있는 어떤 것을 성취할 때 나타납니다."

다음 장에서는 '한 개의 일을 잘하자'라는 유닉스 철학에 대해 알아볼 것입니다. 이 원칙은 확장성 있는 운영 체제를 만드는 탁월한 방법일 뿐만 아니라 삶에도 역시 위대한 방법으로 입증되었습니다!

참고 문헌

- Troy Erstling, "The Neurochemistry of Flow States," Troy Erstling (blog), https://troyerstling.com/the-neurochemistry-of-flow-states/.
- Steven Kotler, "How to Get into the Flow State," filmed at A-Fest Jamaica, February 19, 2019, Mindvalley video, https://youtu.be/XG_hNZ5T4nY/.
- F. Massimini, M. Csikszentmihalyi, and M. Carli, "The Monitoring of Optimal Experience: A Tool for Psychiatric Rehabilitation," Journal of Nervous and Mental Disease 175, no. 9 (September 1987).

- Kevin Rathunde, "Montessori Education and Optimal Experience: A Framework for New Research," NAMTA Journal 26, no. 1 (January 2001): 11–43.

- Owen Schaffer, "Crafting Fun User Experiences: A Method to Facilitate Flow," Human Factors International white paper (2015), https://human-factors.com/hfi_new/whitepapers/crafting_fun_ux.asp.

- Rony Sklar, "Hyperfocus in Adult ADHD: An EEG Study of the Differences in Cortical Activity in Resting and Arousal States" (MA thesis, University of Johannesburg, 2013), https://hdl.handle.net/10210/8640.

7

한 개의 일을 잘하기와
다른 유닉스 원칙들

이것이 유닉스 철학입니다: 한 개의 일을 하고 그것을 잘하는 프로그램을 작성합니다. 함께 동작하는 프로그램들을 작성합니다. 텍스트 스트림은 보편적인 인터페이스이기 때문에 텍스트 스트림을 다루는 프로그램들을 작성합니다.

- 더글라스 매킬로이(Douglas McIlroy)

유닉스 운영체제의 주요 철학은 단순합니다. 바로 한 개의 일을 잘하자. 예를 들면 한 개의 문제를 믿을 수 있고 효율적으로 해결하는 함수 혹은 모듈을 작성하는 것이 동시에 다수의 문제들을 해결하려고 노력하는 것보다 일반적으로 더 낫다는 의미입니다. 이 장의 뒤에서 여러분은 "한 개의 일을 잘하는" 파이썬 코드 예제를 보고 유닉스 철학이 어떻게 프로그래밍에 적용되는지 배울 것입니다. 그다음 세계에서 가장 성공적인 컴퓨터 공학자들이 오늘날 운영체제를 만들 때 적용하는 상위 원칙들을 제시합니다. 여러분이 소프트웨어 공학자라면 자신의 프로젝트에서 더 좋은 코드를 작성하는 값진 조언들을 발견하게 될 것입니다.

하지만 가장 먼저 해야 할 일은 다음과 같습니다. 유닉스는 무엇이고 왜 여러분이 관심을 가져야 할까요?

유닉스의 부상

유닉스는 오늘날 가장 유명한 운영체제인 리눅스와 맥OS 등에 영감을 준 설계 철학입니다. 유닉스 운영체제 계열은 벨 시스템즈가 그 기술의 소스 코드를 대중에 공개한 1970년대 후반에 등장하였습니다. 그 이후에 다수의 확장들과 새로운 버전들이 대학, 개인과 회사들에 의해 개발되었습니다.

오늘날 상표가 등록된 유닉스 표준은 운영체제들이 특정 품질 요구사항들을 준수하고 있는지 인증합니다. 유닉스와 유닉스 계열 운영체제들은 컴퓨팅에 있어 주요한 영향력을 갖습니다. 10개 중 7개의 웹 서버들이 유닉스와 그 기반을 사용하는 리눅스 시스템들에서 동작합니다. 심지어 맥OS도 등록된 유닉스 시스템입니다.

리누스 토발즈(Linus Torvals), 켄 톰프슨(Ken Thompson)과 브라이언 커닝핸(Brian Kerninghan) 같은 유닉스의 개발자와 유지보수자의 목록은 전 세계에서 가장 영향력 있는 이름들을 포함합니다. 여러분은 전 세계의 프로그래머들이 수백만 라인의 코드를 포함하는 거대한 유닉스 생태계에서 협력하도록 만드는 거대한 조직 체계가 있을 것이라고 생각할 수 있습니다. 당연히 그렇습니다! 이러한 규모의 협력을 가능하게 하는 철학은 약자로 DOTADIW이고 풀어서 얘기하면 한 개의 일을 하고 그것을 잘하자(do one thing and do it well)입니다. 유닉스 철학에 대해서는 별도의 책이 있으며[1] 여기서는 가장 적합한 주제들에 집중하고 파이썬 코드 조각들을 통해 몇몇 예시를 제공합니다. 필자가 아는 한 유닉스 원칙들을 파이썬 프로그래밍에 접목한 책은 없었습니다. 자 시작합니다!

철학의 개요

유닉스 철학의 기본적 생각은 확장하고 유지보수하기 쉽도록 단순하고 분명하고 정확하고 모듈화된 코드를 작성하는 것입니다. 이것은 매우 다양한 의미를 내포하며,

---

1 **(역자 주)** ⟨Art of UNIX Programming⟩(정보문화사, 2004)라는 책으로 번역되었으나 절판

이 장에서 다루겠지만 그 목적은 많은 사람들이 효율성보다는 가독성을, 모놀리식 설계보다는 조합성(composability)을 중요시하여 서로 협업할 수 있도록 합니다. 모놀리식 응용 프로그램들은 모듈성 없이 설계되어 전체 응용 프로그램을 접근하지 않으면 많은 부분의 코드를 재사용, 실행 및 디버깅할 수 없습니다.

여러분이 Uniform Resource Locator(URL)를 인자로 받아 그 URL에 있는 HTML을 출력하는 명령행 프로그램을 작성한다고 합시다. 이 프로그램은 url_to_html()입니다. 유닉스 철학에 따르면 이 프로그램은 한 개의 일을 잘해야 하고 그것은 URL에 있는 HTML을 받아 쉘에 출력하는 것입니다.(코드 7-1)

```python
import urllib.request


def url_to_html(url):
    html = urllib.request.urlopen(url).read()
    return html
```

코드 7-1: 주어진 URL에서 HTML을 읽어 문자열로 반환하는 단순한 코드 함수

이 코드가 우리에게 필요한 전부입니다. 태그를 필터링하거나 버그를 수정하는 등의 기능성을 추가하지 마세요. 예를 들어 다음의 하이라이트와 같이 어떤 사용자가 과 같은 태그에서 그 태그를 으로 닫는 것을 잊는 공통적인 실수를 교정하는 코드를 작성하고 싶을 수 있습니다.

```html
<a href='nostarch.com'><span>Python One-Liners</a>
```

유닉스 철학에 따르면 비록 이러한 종류의 실수를 발견하여도 이 특정 함수를 고치면 안됩니다.

이 단순한 HTML 함수의 다른 유혹은 자동으로 포맷팅을 적용하는 것입니다. 예를 들어 다음의 HTML 코드는 예쁘지 않습니다.

```html
<a href='nostarch.com'><span>Python One-Liners</span></a>
```

아마도 다음과 같은 포맷을 선호할 것입니다.

```
<a href='nostarch.com'>
    <span>
            Python One-Liners
    </span>
</a>
```

하지만 여러분이 만든 함수는 prettify_html( )이 아니라 url_to_html( )입니다. 코드 포맷을 교정하는 등의 기능을 추가하는 것은 다른 사용자들에게는 필요하지 않은 두 번째 기능성입니다.

대신에 prettify_html(url)이라는 새로운 함수를 만드는 것을 권장합니다. 여기서 "한 개의 일"은 HTML의 스타일 문제를 해결하는 것입니다. 이 함수는 내부적으로 url_to_html( ) 함수를 호출하여 HTML을 가져온 후 다음 처리를 이어갑니다.

모든 함수가 하나의 목적에 집중하면 코드의 유지보수성과 확장성이 개선됩니다. 어떤 프로그램의 출력은 다른 프로그램의 입력이 될 수 있습니다. 복잡성이 줄고 출력의 군더더기가 제거되고 한 개의 일을 잘 구현하는데 집중할 수 있습니다.

하나의 하위 프로그램은 작고 사소해 보이지만 이들을 조합하면 디버깅의 용이성을 유지하면서 더 복잡한 프로그램을 만들 수 있습니다.

15개의 유용한 유닉스 원칙들

다음은 오늘날 가장 적합한 15개의 유닉스 원칙들에 대해 깊게 알아보고 가능하다면 파이썬 예제로 구현해봅니다. 이 원칙들은 유닉스 코딩 전문가인 에릭 레이몬드(Eric Raymond)와 마이크 간카르츠(Mike Gancarz)로부터 수집했으며 이 원칙들을 현대적 파이썬 프로그래밍에 적용하였습니다. 이들 원칙들 중 다수는 이 책의 다른 원칙들을 따르거나 겹칠 수 있습니다.

1. 각 함수는 한 개의 일을 잘한다

유닉스 철학의 대단히 중요한 원칙은 *한 개의 일을 잘하는* 것입니다. 코드에서 어떻게 나타나는지 살펴보겠습니다. 코드 7-2는 URL을 문자열 인자로 받아 그 URL의 HTML에 포맷을 적용한 결과를 출력하는 display_html( ) 함수입니다.

```python
import urllib.request
import re


def url_to_html(url):
    html = urllib.request.urlopen(url).read()
    return html

def prettify_html(html):
    return re.sub('<\s+', '<', html)

def fix_missing_tags(html):
    if not re.match('<!DOCTYPE html>', html):
        html = '<!DOCTYPE html>\n' + html
    return html

def display_html(url):
    html = url_to_html(url).decode('utf-8')
    fixed_html = fix_missing_tags(html)
    prettified_html = prettify_html(fixed_html)
    return prettified_html
```

코드 7-2. **각 함수 혹은 프로그램은 한 개의 일을 잘합니다.**

그림 7-1은 코드 7-2를 그림으로 표현한 것입니다.

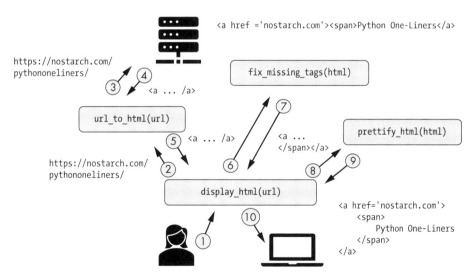

그림 7-1. **각기 한 개의 일을 잘하는 다수의 단순한 함수들이 더 큰 일을 위해 서로 협력**

코드 7-2는 display_html( ) 함수에서 실행되는 다음과 같은 절차들을 보여주는 샘플
구현입니다.

① 주어진 URL 위치에서 HTML을 얻기

② 누락된 태그들 수정

③ HTML 포맷 적용

④ 결과를 함수 호출자에게 반환

만약 예쁘지 않은 HTML 코드인 '< a href="https://finxter.com">Solve next Puzzle </a>'를 가리키는 URL을 넣어 코드를 실행하면 display_html( ) 함수는 작은 코드 함수들의 입력과 출력을 중계하여 불량한(그리고 부정확한) 포맷을 수정할 것입니다. 왜냐하면 각 함수들이 한 개의 일을 잘하기 때문입니다.

다음 행에서 메인 함수의 결과를 출력합니다.

```
print(display_html('https://finxter.com'))
```

이 코드는 새로운 태그와 과도한 공백을 제거한 HTML 코드를 쉘에 출력합니다.

```
<!DOCTYPE html>
<a href="https://finxter.com">Solve next Puzzle</a>
```

이 전체 프로그램을 터미널에 있는 브라우저라고 생각해보세요. 앨리스는 URL을 인자로 하는 display_html(url) 함수를 호출하고, 이 함수는 주어진 URL에서 HTML을 수집하는 url_to_html(url) 함수를 호출합니다. 같은 기능성을 두 번 구현할 필요가 없습니다. 운이 좋게도 url_to_html( ) 함수의 프로그래머는 함수를 최소로 유지하여 함수에서 반환된 HTML 출력을 fix_missing_tags(html) 함수의 입력으로 직접 넘깁니다. 유닉스 용어로 이것을 파이핑(*piping*)이라고 하며 한 프로그램의 출력을 다른 프로그램의 입력으로 넘긴다는 의미입니다. fix_missing_tags( ) 함수의 반환 값은 원래 HTML에서 누락된 닫는 </span> 태그를 포함하는 HTML 코드입니다. 그 다음 출력을 prettify_html(html) 함수로 파이핑하고 결과를 기다립니다. 교정된 HTML은 들여쓰기가 사용자 친화적으로 바뀌었습니다. 이 과정들이 다 끝난 후에 display_ html(url) 함수는 포맷이 적용되고 교정된 HTML 코드가 앨리스에게 반환합니다. 일련의 작은 함수들이 연결되고 파이프되어 꽤 큰 작업을 이루었습니다!

HTML의 포맷을 적용하지 않고 오직 <!DOCTYPE html> 태그만 추가하는 다른 함수를 만들 수 있습니다. 그다음 HTML의 포맷은 적용하지만 새로운 태그는 추가하지 않는 세 번째 함수를 만들 수도 있습니다. 작게 유지하여 기존 기능성을 기반하는 새로운 코드를 쉽게 만들 수 있으며 중복성도 크게 발생하지 않습니다. 코드를 모듈화하여 설계하면 재사용성, 유지보수성과 확장성이 좋아집니다.

이 버전의 코드를 모든 일을 직접 하는 모놀리식 구현체인 display_html(url) 함수와 비교해보세요. URL에서 HTML을 가져오거나 결함이 있는 HTML을 고치는 등의 기능성을 부분적으로 재사용할 수 없습니다. 모놀리식 코드 함수는 아마도 다음과 같을 것입니다.

```
def display_html(url):
    html = urllib.request.urlopen(url).read().decode('utf-8')
    if not re.match('<!DOCTYPE html>', html):
        html = '<!DOCTYPE html>\n' + html
    html = re.sub('<\s+', '<', html)
    return html
```

함수가 훨씬 복잡해졌습니다. 하나에 집중하기보다 다수의 일을 다룹니다. 설상가상으로 여는 태그 '<' 뒤에 공백을 제거하는 기능이 빠진 동일한 기능의 함수를 작성한다면 나머지 코드를 복사 및 붙여넣기 해야 합니다. 이는 코드 중복으로 이어지고 가독성도 떨어집니다. 더 많은 기능성이 추가될수록 상황은 더 나빠집니다!

2. 단순함이 복잡함보다 좋다

*단순함이 복잡함보다 좋다*는 이 책 전체의 가장 중요한 원칙입니다. 여러분은 이미 이 원칙을 다양한 모양과 형식으로 접하였습니다. 이 원칙을 강조하는 이유는 만약 여러분이 결정적인 행동을 단순화하지 않으면 복잡성이 생기기 때문입니다. 파이썬에서 *단순함은 복잡함보다 좋다*라는 원칙은 비공식적인 규칙서가 되었습니다. 파이썬 쉘을 열어 import this를 입력하면 유명한 *파이썬의 선(Zen of Python)*이 출력됩니다.(코드 7-3. 6번째 줄을 보세요)

```
> import this
The Zen of Python, by Tim Peters

Beautiful is better than ugly.
Explicit is better than implicit.
Simple is better than complex.
Complex is better than complicated.
Flat is better than nested.
Sparse is better than dense.
Readability counts.
Special cases aren't special enough to break the rules.
Although practicality beats purity.
Errors should never pass silently.
```

```
Unless explicitly silenced.
In the face of ambiguity, refuse the temptation to guess.
There should be one-- and preferably only one --obvious way to do it.
Although that way may not be obvious at first unless you're Dutch.
Now is better than never.
Although never is often better than *right* now.
If the implementation is hard to explain, it's a bad idea.
If the implementation is easy to explain, it may be a good idea.
Namespaces are onc honking great idea -- let's do more of those!
```

코드 7-3. **파이썬의 선(Zen of Python)**

단순함의 개념은 이미 충분히 다루었기 때문에 여기서 반복하지는 않습니다. 여러분이 *왜* 단순함이 복잡함보다 좋은지 여전히 궁금하다면 1장으로 돌아가 복잡성이 높으면 생산성에 부정적인 영향을 미친다는 내용을 참고하시기 바랍니다.

3. 작은 것이 아름답다

거대한 코드 블록들을 작성하는 대신 작은 함수들을 작성하고 그림 7-1과 같이 아키텍트로서 함수들 사이의 상호작용을 중계하도록 작업하세요. 여러분의 프로그램을 작게 유지해야 하는 이유는 크게 세 가지가 있습니다.

복잡성을 줄임

코드는 길어지면 이해하기 어려워집니다. 인지적 사실은 여러분의 뇌가 동시에 오직 몇 가지 정도만 추적할 수 있습니다. 너무 많은 정보 조각이 있으면 큰 그림을 보기 어렵습니다. 작게 가고 한 함수에 코드 라인 수를 줄이면 *가독성이 개선되고* 여러분의 코드 기반에 값비싼 버그를 주입할 가능성이 낮아집니다.

유지보수성을 개선함

여러분의 코드를 여러 개의 작은 함수들로 구성하면 유지보수하기 쉽습니다. 더 많고 작은 함수들을 추가하면 부작용을 일으킬 확률이 낮아지고 반면 크고 모놀리식한 코드 블록에서는 여러분의 만든 변경점이 쉽게 의도하지 않은 전역적인 효과를 일으킬 수 있습니다. 이는 특히 다수의 프로그래머가 같은 코드를 동시에 작업할 때 발생할 수 있습니다.

테스트 가능성(Testability)을 개선함

많은 현대적 소프트웨어 회사는 *테스트 주도 개발*을 사용합니다. 이는 단위 테스트들을 사용하여 각 함수와 단위의 입력에 대해 기댓값과 결괏값의 비교를 통해 버그를 찾고 고립시킬 수 있습니다. 작은 코드에 대해서는 단위 테스트가 훨씬 효과적이고 구현하기 쉽습니다. 이때 각 함수는 오직 한 개의 일에 집중하기 때문에 기대하는 결과가 무엇이어야 하는지 알 수 있습니다.

파이썬으로 작성한 작은 코드 예제보다는 파이썬 그 자체가 이 원칙의 최상의 예입니다. 숙련된 프로그래머는 다른 사람의 코드를 사용하여 코딩의 생산성을 개선합니다. 수백만 명의 개발자들은 수많은 시간을 투자하여 코드를 최적화하고 여러분은 순식간에 그 코드를 임포트할 수 있습니다. 다른 대부분의 프로그래밍 언어와 같이 파이썬은 라이브러리들을 통해서 이러한 기능성을 제공합니다. 덜 사용되는 많은 라이브러리들은 기본 구현에는 탑재되지 않으며 별도로 설치해야 합니다. 모든 라이브러리들을 내장 함수로 제공하지 않기 때문에 여러분의 컴퓨터에서 파이썬 설치본의 크기는 상대적으로 작아지고 외부 라이브러리의 잠재적 성능을 희생시키지 않습니다. 게다가, 개별적인 라이브러리들은 상대적으로 작으며 그들 모두는 제한된 기능들의 부분집합에 집중합니다. 모든 문제들을 지배하는 하나의 모놀리식 라이브러리 대신 다수의 작은 라이브러리를 가지며 각 라이브러리는 그림의 작은 부분을 담당합니다. 작은 것이 아름답습니다.

몇 년마다 새로운 아키텍처 패턴들이 나와 크고 모놀리식한 응용 프로그램들을 아름답고 작은 응용 프로그램들로 쪼개어 소프트웨어 개발 주기를 확대합니다. 최근의 예로는 공통 객체 요구 매개자 구조(Common Object Request Broker Architecture; CORBA), 서비스 기반 아키텍처(service-oriented architecture; SOA)와 마이크로서비스가 있습니다. 이들의 아이디어는 거대한 소프트웨어 블록을 일련의 독립적이고 배포 가능한 컴포넌트로 분해하며, 이들 컴포넌트들은 단지 하나가 아니라 다수의 프로그램들이 접근할 수 있습니다. 희망하는 것은 다른 사람이 만든 마이크로서비스들을 공유하고 그것을 기반으로 빌드하여 소프트웨어 개발 영역의 전반적인 진행을 가속화하는 것입니다.

이들 트렌드들의 근본적인 생각은 모듈화되고 재사용가능한 코드를 작성하는 것입니다. 이 장에 있는 아이디어들을 학습함으로써 여러분은 모듈화로 가는 최신의 트렌드를 빠르고 근본적으로 이해하고 준비할 수 있습니다. 시작부터 정통한 원칙들을 적용하여 파레토 곡선에서 앞서갈 수 있습니다.

📝 NOTE
이 흥미진진한 주제에 대해 더 깊게 다루는 것은 이 책의 범위를 벗어나지만 마틴 파울러의 마이크로서비스에 관한 탁월한 문서를 읽어보시기를 추천합니다.
• https://martinfowler.com/articles/microservices.html

4. 프로토타입을 가능한 빠르게 만든다

유닉스 팀은 3장에서 논의한 MVP에 관한 원칙의 열렬한 지지자입니다. 이는 필요하지 않은 기능들을 지속적으로 추가하여 복잡성이 지수적으로 증가하는 완벽주의자의 순환에 빠지는 것을 방지합니다. 만약 운영체제와 같이 거대한 소프트웨어 응용 프로그램을 작업한다면 단순히 복잡성의 경로를 내려오는 것이 쉽지 않을 수 있습니다!

그림 7-2는 MVP의 원칙을 위배하고 그 자체로 불필요한 기능들로 가득 찬 초기 앱 출시의 예입니다.

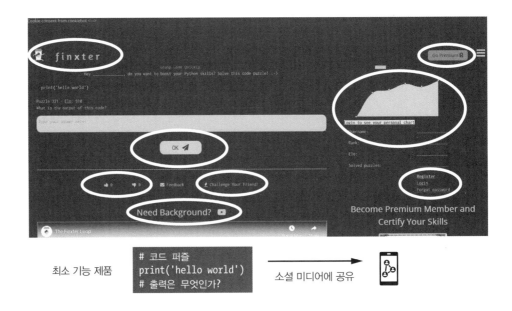

최소 기능 제품

```
# 코드 퍼즐
print('hello world')
# 출력은 무엇인가?
```

소셜 미디어에 공유

그림 7-2. Finxter.com 앱 대 핀스터 MVP

앱은 상호작용하는 해답 검사, 퍼즐 투표, 사용자 통계, 사용자 관리, 프리미엄 기능성, 관련 동영상과 로고와 같은 단순한 기능들을 포함합니다. 모두 제품의 초기 출시에는 불필요합니다. 사실 핀스터 응용 프로그램의 MVP는 단지 소셜 미디어에 공유된 단순한 코드 퍼즐의 이미지이어야 합니다. 단순하게 MVP를 만든다면 응용 프로그램을 개발하느라 수년을 소비할 필요 없이 사용자 수요를 검증할 수 있습니다. *빠르게 실패하고, 자주 실패하고, 앞으로 나아가며 실패하세요.*

5. 효율성보다는 이식성을 선택한다

*이식성*은 어떤 시스템 혹은 **프로그램**이 한 환경에서 다른 환경으로 이동했을 때 여전히 정상적으로 동작하는 능력입니다. 소프트웨어의 주요한 이점 중 하나는 이식성입니다. 여러분의 컴퓨터에서 작성한 프로그램이 어떠한 변경없이 수백만의 사용자의 컴퓨터에서 동일하게 동작하는 능력입니다.

하지만 이식성에는 효율성의 희생이 따릅니다. 이 *이식성/효율성 트레이드오프*는 기술적인 문헌에 잘 문서화되어 있습니다. 여러분이 단지 하나의 환경에 최적화되어 매우 효율적인 상태가 되었다면 이식성은 그만큼 희생됩니다. *가상화*는 이러한 트레이드오프의 대표적인 사례입니다. 소프트웨어와 그것이 동작하는 하부의 인프라 사이에 부가적인 소프트웨어 계층을 추가하여 여러분의 프로그램은 거의 모든 *물리적 머신*에서 동작할 수 있습니다. 게다가 가상 머신은 현재 실행 상태를 하나의 물리적 머신에서 다른 머신으로 옮길 수도 있습니다. 이것은 소프트웨어의 이식성을 향상합니다. 하지만 가상화를 위해 추가된 계층은 런타임과 메모리 효율성을 떨어뜨립니다. 왜냐하면 프로그램과 물리적 머신 사이를 중계하는 추가적인 오버헤드가 발생하기 때문입니다.

유닉스 철학은 효율성보다는 이식성을 선택하는 것을 옹호합니다. 운영체제는 수많은 사용자들에 의해 사용되기 때문입니다.

하지만 이식성을 우선하라는 경험 법칙은 더 넓은 소프트웨어 개발자들에게도 해당합니다. 이식성을 줄이면 여러분의 응용 프로그램의 가치를 줄이는 것입니다. 오늘날 효율성을 희생하여 극단적으로 이식성을 향상하는 것이 일반적입니다. 웹 기반의 응용 프로그램들은 브라우저가 있는 컴퓨터라면 그것이 맥OS, 윈도우 혹은 리눅스 운영체제를 가리지 않고 모두 실행되기를 기대합니다. 웹 응용 프로그램들은 또한 접근성(accessibility)[2] 기능을 포함하는 경우 웹 사이트의 효율성이 떨어진다고 해도 예를 들어 시각 장애인들과 같은 더 많은 접근성 기능을 제공합니다. 컴퓨팅 자원들보다 훨씬 가치있는 자원들이 많습니다. 이를테면 인간의 생명, 인간의 시간 및 컴퓨터에 의한 이차적인 결과들입니다.

하지만 이러한 일반적인 고려사항 외에 이식성을 위한 프로그램은 무슨 의미일까요? 코드 7-4는 특정 인자들에 대한 평균을 계산하는 함수입니다. 우리가 보통 작성하는 방식으로 이식성에 최적화되어 있지 않습니다.

---

2 접근성은 산업 디자인, 사용자 인터페이스 디자인 등의 분야에서 쓰이는 용어로, 사용자의 신체적 특성이나, 지역, 나이, 지식수준, 기술, 체험과 같은 제한 사항을 고려하여 가능한 많은 사용자가 불편 없이 이용할 수 있도록 제품, 서비스를 만들어 제공하고 이를 평가할 때 쓰이는 말입니다.(위키백과)

```python
import numpy as np

def calculate_average_age(*args):
    a = np.array(args)
    return np.average(a)

print(calculate_average_age(19, 20, 21))
# 20.0
```

코드 7-4. **평균을 계산하는 함수, 이식성 없음**

이 코드는 두 가지 이유로 이식성이 없습니다. 첫째는 함수의 이름인 calculate_average_age()는 그것이 단순히 평균을 계산한다는 사실에도 불구하고 다른 문맥에서 사용될 만큼 충분히 일반적이지 않습니다. 예를 들어 여러분은 웹 사이트의 평균 방문자를 계산하기 위해 이 함수를 호출하지는 않을 것입니다. 둘째는 이 함수는 불필요하게 라이브러리를 사용합니다. 왜냐하면 외부 라이브러리 없이도 평균을 쉽게 계산할 수 있기 때문입니다.(코드 7-5 참고) 일반적으로 라이브러리를 사용하는 것은 좋은 생각이지만 그것은 오직 가치를 더할 때입니다. 이 경우 라이브러리를 사용하여 이식성이 줄었는데 그 이유는 사용자는 이 라이브러리를 설치하지 않을 것이며 더하여 설치한다고 해도 효율성 향상이 거의 없기 때문입니다.

코드 7-5와 같이 우수한 이식성을 가진 함수로 다시 작성하였습니다.

```python
def average(*args):
    return sum(args) / len(args)

print(average(19, 20, 21))
# 20.0
```

코드 7-5. **평균을 계산하는 함수. 이식성 있음.**

우리는 이 함수에 더 일반적인 이름을 붙이고 불필요한 임포트는 제거하였습니다. 이제 그 라이브러리가 퇴화(deprecated)되어도 걱정할 필요가 없으며 같은 코드를 다른 프로젝트에도 이식할 수 있습니다.

6. 데이터는 플랫 텍스트 파일에 저장한다

유닉스 철학은 데이터를 저장할 때 플랫 텍스트 파일의 사용을 권장합니다. 플랫 텍스트 파일들은 파일 내용을 접근하는 고도의 메커니즘을 갖지 않는 단순한 텍스트 혹은 이진 파일입니다. 예를 들면 데이터베이스의 경우 효율적이지만 매우 복잡한 파일 형식을 갖습니다. 플랫 텍스트 파일은 단순하고 그 내용을 사람이 읽을 수 있습니다. 쉼표로 구분된 값(comma-separated values; CSV) 형식은 플랫 파일 형식의 예로 각 행은 하나의 데이터 항목에 해당하고(코드 7-6 참고) 데이터를 처음 보는 사람도 한번 보면 어느 정도 이해할 수 있습니다.

```
Property Number,Date,Brand,Model,Color,Stolen,Stolen From,Status,Incident
number,Agency
P13827,01/06/2016,HI POINT,9MM,BLK,Stolen Locally,Vehicle,Recovered
Locally,B16-00694,BPD
P14174,01/15/2016,JENNINGS J22,,COM,Stolen Locally,Residence,Not
Recovered,B16-01892,BPD
P14377,01/24/2016,CENTURY ARMS,M92,,Stolen Locally,Residence,Recovered
Locally,B16-03125,BPD
P14707,02/08/2016,TAURUS,PT740 SLIM,,Stolen Locally,Residence,Not
Recovered,B16-05095,BPD
P15042,02/23/2016,HIGHPOINT,CARBINE,,Stolen Locally,Residence,Recovered
Locally,B16-06990,BPD
P15043,02/23/2016,RUGAR,,,Stolen Locally,Residence,Recovered Locally,B16-
06990,BPD
P15556,03/18/2016,HENRY ARMS,.17 CALIBRE,,Stolen Locally,Residence,Recovered
Locally,B16-08308,BPD
```

코드 7-6. CSV 형식으로 제공되는 도난 총기에 관한 데이터 (출처: Data.gov)

여러분은 쉽게 플랫 텍스트 파일들을 공유할 수 있고 어떤 텍스트 편집기에서도 열고 수동으로 변경할 수 있습니다. 하지만 이러한 편리함은 효율성이 떨어집니다. 특정한 목적에 최적화된 데이터 형식은 훨씬 더 효율적으로 데이터를 저장하고 읽을 수 있습니다. 예를 들어 데이터베이스들은 데이터 파일을 디스크에 저장할 때 세분화된 인덱스와 날짜를 표현하는 압축 스키마와 같은 최적화 기법을 적용합니다. 만약 그 파일을 열면 여러분은 그 내용을 알 수 없습니다. 이들 최적화들은 프로그램에서 데이터를 읽을 때 더 적은 메모리를 차지하고 일반적인 플랫 텍스트 파일들에 비해 적은 오버헤드를 갖습니다. 플랫 파일에서 시스템은 특정 행을 읽을 때 전체 파일을 스캔해야 합니다. 웹 응용 프로그램들은 또한 사용자가 적은 지연시간으로 사용자가 빠르게 접근할 수 있도록 훨씬 효율적으로 최적화된 데이터 표현을 필요로 합니다. 따라서 그때는 플랫 표현들과 데이터베이스들을 거의 사용하지 않습니다.

하지만 여러분은 확실하게 필요한 경우에만 최적화된 데이터 표현들을 사용해야 합니다. 예를 들어 구글 검색 엔진이 가장 관련성이 높은 웹 문서들을 사용자들에게 수 밀리 초 이내에 제공해야 하는 것처럼 고도로 성능에 민감한 응용 프로그램을 만드는 경우입니다. 10,000개의 엔트리를 갖는 실세계 데이터 집합으로부터 머신러닝 모델을 학습시키는 다수의 작은 응용 프로그램들은 CSV 형식 데이터를 저장하는 것을 추천합니다. 전문화된 형식을 갖는 데이터베이스를 사용하면 이식성이 감소하고 불필요한 복잡성이 늘어날 것입니다.

코드 7-7은 플랫 형식이 선호되는 한 가지 경우의 예입니다. 데이터 과학과 머신러닝 응용 프로그램들에 가장 인기있는 언어인 파이썬으로 작성하였습니다. 얼굴 이미지들의 데이터셋에 대한 데이터 분석 작업을 수행하기를 원하고, 따라서 데이터는 플랫 CSV 파일에서 로딩하고 처리합니다. 이는 데이터베이스를 사용하는 더 효율적인 방식보다 이식성이 좋은 접근법입니다.

```python
From sklearn.datasets import fetch_olivetti_faces
From numpy.random import RandomState

rng = RandomState(0)

# 얼굴 데이터를 로딩
faces, _ = fetch_olivetti_faces(...)
```

코드 7-7. **파이썬 데이터 분석 작업을 위해 플랫 파일에서 데이터를 로딩함**

fetch_olivetti_faces( ) 함수에서 우리는 얼굴 이미지의 집합을 포함하는 사이킷 런의 Olivetti faces 데이터셋을 로딩합니다. 로딩 함수는 실제 계산을 시작하기 전에 단순히 이 데이터를 읽고 메모리에 로딩합니다. 어떠한 데이터베이스 혹은 계층적인 데이터 구조가 필요하지 않습니다. 이 프로그램은 데이터베이스를 설치하거나 고도의 데이터베이스 연결을 설정할 필요없이 독립적입니다.

📝 NOTE *필자는 이 예제를 실행할 수 있는 상호작용하는 주피터 노트북을 설정하였습니다.*
• https://blog.finxter.com/clean-code/#Olivetti_Faces/

7. 소프트웨어를 레버리지로 사용한다

레버리지를 사용한다는 것은 작은 양의 에너지를 사용하여 그 효과를 배가하는 것입니다. 예를 들어 금융에서 레버리지는 다른 사람의 돈을 사용하여 투자하고 성장시키는 것입니다. 대기업에서 이것은 광범위한 유통 네트워크를 사용하여 전 세계의 상점에 제품을 배치하는 것입니다. 프로그래머로서 여러분은 수많은 프로그래머들의 집합적인 지혜를 레버리지로 활용해야 합니다. 프로그램을 바닥부터 작성하는 대신 복잡한 기능성을 제공하는 라이브러리들을 사용하고, 스택오버플로우(StackOverflow)

와 대중의 지혜를 사용하여 코드의 버그를 수정하거나 다른 사람들에게 여러분의 코드 리뷰를 요청합니다. 이것들은 훨씬 적은 노력으로 더 많은 것을 이루게 하는 일종의 레버리지입니다.

두 번째 레버리지의 원천은 컴퓨팅 파워입니다. 컴퓨터는 사람보다 훨씬 더 빠르게 (훨씬 더 적은 비용으로) 동작을 수행할 수 있습니다. 더 좋은 소프트웨어를 만들고 더 많은 사람들과 공유하고 더 많은 컴퓨팅 파워를 도입하고, 다른 사람의 라이브러리와 소프트웨어를 더 자주 사용하세요. 좋은 프로그래머는 좋은 소스 코드를 빠르게 생성하지만 위대한 프로그래머는 그들의 코드를 향상하기 위해 가능한 수많은 원천의 레버리지를 활용합니다.

예를 들자면, 코드 7-8은 필자의 책인 *Python One-Liners*(No Starch Press, 2020)에서 발췌한 한 줄짜리 프로그램입니다. 이 코드는 주어진 HTML 문서를 스크랩하여 'finxter'와 'test' 혹은 'puzzle'이라는 부분 문자열을 가진 모든 URL을 찾습니다.

```python
## 의존성
import re


## 데이터
page = '''
<!DOCTYPE html>
<html>
<body>

<h1>My Programming Links</h1>
<a href="https://app.finxter.com/">test your Python skills</a>
<a href="https://blog.finxter.com/recursion/">Learn recursion</a>
<a href="https://nostarch.com/">Great books from NoStarchPress</a>
<a href="http://finxter.com/">Solve more Python puzzles</a>

</body>
</html>
'''


## 한 줄짜리 프로그램
practice_tests = re.findall("(<a.*?finxter.*?(test|puzzle).*?>)", page)

## 결과
print(practice_tests)
# [('<a href="https://app.finxter.com/ ">test your Python skills</a>',
'test'),
# ('<a href="http://finxter.com/">Solve more Python puzzles</a>', 'puzzle')]
```

코드 7-8. 웹 페이지 링크를 분석하는 한 줄짜리 해법

re 라이브러리를 임포트하여 우리는 정규 표현식의 강력한 기술을 레버리지로 활용하였습니다. 즉시 수천 라인의 코드가 동작하여 전체 프로그램을 한 줄로 작성할 수 있었습니다. 레버리지는 위대한 프로그래머로 가는 여정의 강력한 동반자입니다. 예를 들어 모든 것을 직접 구현하지 않고 여러분의 코드에 라이브러리들을 사용하는 것은 종이 지도로 모든 것을 해결하지 않고 앱을 사용하여 여행 계획을 세우는 것과 같습니다.

> 📝 **NOTE** 한 줄짜리 해법을 설명하는 동영상은 *https://pythononeliners.com/* 을 참고하세요.

8. 캡티브 사용자 인터페이스를 피한다

*캡티브 사용자 인터페이스(Captive user interfaces)*는 프로그램의 주요 실행 흐름이 시작되기 전에 사용자의 상호작용을 요구합니다. 예를 들면 시큐어 쉘(Secure Shell; SSH), top, cat, vim과 파이썬의 input( ) 함수와 같은 프로그래밍 기능들입니다. 캡티브 사용자 인터페이스들은 코드의 사용성을 제한하는데 그 이유는 오직 사용자의 참여 후에만 동작하도록 설계되었기 때문입니다. 하지만 흔히 캡티브 사용자 인터페이스 뒤에 있는 코드에 의해 제공되는 기능성은 또한 사용자의 수동적인 상호작용이 없이 동작하는 자동화된 프로그램에서 유용합니다. 대략 얘기하면 여러분의 좋은 코드를 캡티브 사용자 인터페이스 뒤에 두면 사용자와의 상호작용이 없을 때는 그 코드를 활용할 수 없습니다!

사용자의 나이를 입력으로 받아서 단순한 휴리스틱에 기반하여 기대 여명을 반환하는 단순한 파이썬 예제를 만듭니다.

"만약 85세 이하라면 여러분의 기대 여명은 72 빼기 나이의 80퍼센트입니다. 그렇지 않으면 22 빼기 나이의 20퍼센트입니다."

> 📝 **NOTE** 이 휴리스틱(코드는 아님)은 *Decision Science News*에 있는 웹 사이트 항목에 기반합니다.

초기 파이썬 코드는 코드 7-9와 같을 것입니다.

```
def your_life_expectancy():
    age = int(input('몇살인가요? '))

    if age<85:
        exp_years = 72 - 0.8 * age
    else:
        exp_years = 22 - 0.2 * age

    print(f'당신의 기대 여명은 {exp_years} 년입니다. 현명하게 사용하세요!')

your_life_expectancy()
```

코드 7-9. 캡티브 사용자 인터페이스로 구현된 기대 여명 계산기(단순한 휴리스틱 기반)

코드 7-9의 실행 결과는 다음과 같습니다.

```
> 몇살인가요? 10
당신의 기대 여명은 64.0 년입니다. 현명하게 사용하세요!
> 몇살인가요? 20
당신의 기대 여명은 56.0 년입니다. 현명하게 사용하세요!
> 몇살인가요? 77
당신의 기대 여명은 10.399999999999999 년입니다. 현명하게 사용하세요!
```

직접 실행하려면 필자가 준비한 주피터 노트북을 접속하세요.(영진닷컴 홈페이지도 코드 다운로드 가능)

- https://blog.finxter.com/clean-code/#Life_Expectancy_Calculator/

하지만 결과에 대해서 너무 심각하게 생각하지는 마세요!

코드 7-9에서 우리는 파이썬의 input() 함수를 사용하여 사용자 입력을 받을 때까지 프로그램 실행이 중단됩니다. 사용자 입력이 없다면 코드는 아무것도 하지 않습니다. 이러한 캡티브 사용자 인터페이스는 코드의 사용성을 제한합니다. 만약 1세에서 100세까지의 기대 여명을 계산하여 그래프로 출력하려면 여러분은 수동으로 100개의 서로 다른 나이를 입력하고 그 결과를 별도의 파일에 저장해야 합니다. 그다음 결과를 복사와 붙여넣기 하여 그래프의 점을 찍어야 합니다. 지금까지 함수는 실제로 두 가지 일을 하고 있습니다. 사용자 입력을 처리하고 기대 여명을 계산합니다. 이는 각 함수가 한 개의 일을 잘하도록 만든다는 첫 번째 유닉스 원칙을 위반합니다.

코드가 이 원칙에 준하게 만들기 위해서 우리는 사용자 인터페이스를 기능성에서 분리할 것입니다. 이는 보통 여러분의 코드를 개선하는 훌륭한 생각입니다.(코드 7-10 참고)

```
# 기능성
def your_life_expectancy(age):
    if age<85:
        return 72 - 0.8 * age
    return 22 - 0.2 * age

# 사용자 인터페이스
age = int(input('몇살인가요? '))

# 기능성을 사용자 입력과 조합하고 결과를 출력
exp_years = your_life_expectancy(age)
print(f'당신의 기대 여명은 {exp_years} 년입니다. 현명하게 사용하세요!')
```

코드 7-10. 캡티브 사용자 인터페이스를 제거한 기대 여명 계산기(단순한 휴리스틱 기반)

코드 7-10에 있는 코드는 기능적으로 코드 7-9와 동일하지만 한 가지 중요한 이점이 있습니다. 그것은 초기에 개발자가 의도하지 않았더라도 이 새로운 함수는 여러 상황에 쓰일 수 있다는 것입니다. 코드 7-11에서 우리는 이 함수를 호출하여 0세부터 99세까지에 대한 기대 여명을 계산합니다. 사용자 인터페이스를 제거하여 이식성을 얻었음을 주목하세요.

```
import matplotlib.pyplot as plt


def your_life_expectancy(age):
    '''기대 여명(단위 년)을 반환합니다.'''
    if age<85:
        return 72 - 0.8 * age
    return 22 - 0.2 * age


# 처음 100세까지 그래프 출력
plt.plot(range(100), [your_life_expectancy(i) for i in range(100)])

# 그래프 스타일 적용
plt.xlabel('나이')
plt.ylabel('기대 여명')
plt.grid()

# 표시하고 그래프를 저장
plt.savefig('age_plot.jpg')
plt.savefig('age_plot.pdf')
plt.show()
```

코드 7-11. 0세부터 99세까지 기대 여명 그래프를 출력하는 코드

그림 7-3은 결과 그래프를 표시합니다.

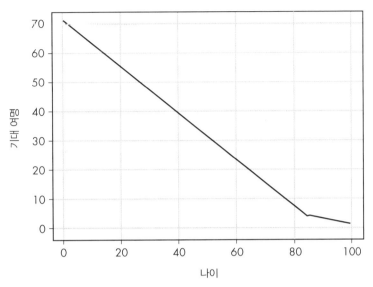

파레토 분포

그림 7-3. 0세부터 99세까지 입력에 대해 휴리스틱이 어떻게 작용하는가

좋습니다. 단순한 휴리스틱은 대충 설계되었지만 여기에서 초점은 캡티브 사용자 인터페이스를 피하는 것이 코드를 호출하여 그래프를 생성하는데 어떻게 도움이 되는지입니다. 우리가 원칙을 지키지 않았다면 your_life_expectancy( ) 함수는 재사용할 수 없었을 것입니다. 왜냐하면 캡티브 사용자 인터페이스로 인해 사용자가 0부터 99까지 직접 넣어야 하기 때문입니다. 원칙을 고려하면 코드가 단순해지고 미래의 모든 프로그램에서 사용할 수 있고 휴리스틱을 기반으로 빌드할 수 있게 됩니다. 하나의 특정 사용 사례를 최적화하는 대신 우리는 코드를 수천 개의 서로 다른 응용 프로그램들에서 사용할 수 있도록 일반적인 방식으로 작성하였습니다. 이것을 라이브러리로 만들면 어떨까요?

9. 모든 프로그램을 필터로 만든다

모든 프로그램은 이미 하나의 필터라는 좋은 주장이 있습니다. 필터는 특정한 필터링 방법을 사용하여 입력을 출력으로 변환합니다. 하나의 출력을 다른 프로그램의 입력으로 사용하면 다수의 프로그램들을 손쉽게 엮을 수 있습니다. 그로 인해 여러분의 코드의 재사용성이 획기적으로 증가합니다. 예를 들어 함수 내부에서 계산의 결과를 출력하는 것은 일반적으로 좋은 습관이 아닙니다. 대신 프로그램은 출력할 수 있는 문자열을 반환하여 인쇄하거나 혹은 다른 프로그램의 입력으로 사용해야 합니다.

예를 들어 코드 7-12와 같이 리스트를 정렬하는 프로그램은 정렬되지 않은 원소들을 정렬된 순서대로 필터링하는 필터로 생각할 수 있습니다.

```python
def insert_sort(lst):

    # 리스트가 비었는지 확인
    if not lst:
        return []

    # 정렬된 단일 원소 리스트로 시작
    new = [lst[0]]

    # 남은 원소 각각을 삽입
    for x in lst[1:]:
        i = 0
        while i<len(new) and x>new[i]:
            i = i + 1
        new.insert(i, x)

    return new

print(insert_sort([42, 11, 44, 33, 1]))
print(insert_sort([0, 0, 0, 1]))
print(insert_sort([4, 3, 2, 1]))
```

코드 7–12. **이 삽입 정렬 알고리즘은 정렬되지 않은 리스트를 정렬된 리스트로 필터링한다**

알고리즘은 새로운 리스트를 생성하고 어떤 원소의 왼쪽에는 항상 그것보다 작은 값들이 들어가도록 하는 위치에 각 원소를 삽입합니다. 함수는 복잡한 필터를 사용하여 원소들의 순서를 변경하여 입력 리스트를 정렬된 출력 리스트로 변환합니다.

만약 어떤 프로그램이 필터라면 여러분은 그것을 직관적인 입력/출력 매핑이 이루어지도록 설계해야 합니다. 이것은 바로 다음으로 설명하겠습니다.

필터를 위한 최적 기준은 동종의(homogeneous) 입력/출력 매핑입니다. 이는 입력의 타입이 동일한 유형의 출력으로 매핑되는 것을 의미합니다. 예를 들어 어떤 사람이 여러분에게 영어로 말을 건다면 그들은 여러분도 다른 언어가 아닌 영어로 응답하길 기대할 것입니다. 유사하게 어떤 함수가 어떤 입력 인수를 받는다면 기대하는 출력은 함수의 반환 값입니다. 어떤 프로그램이 파일을 읽는다면 기대하는 출력도 파일입니다. 같은 방식으로 표준 입력을 받는다면 그 프로그램은 표준 출력을 써야 합니다. 여기서 요점이 나옵니다. 필터를 설계하는 가장 직관적인 방법은 데이터를 같은 범주로 유지하는 것입니다.

코드 7-13은 동종의 입력/출력 매핑의 관점에서 부정적인 예제입니다. 여기서 average( ) 함수는 입력 인자를 평균으로 변환하지만 그 결과 값을 반환하지 않고 그

값을 셸에 출력합니다.

```
def average(*args):
    print(sum(args)/len(args))

average(1, 2, 3)
# 2.0
```

코드 7-13. **동종의 입력/출력 매핑에 대한 부정적인 예제**

코드 7-14와 같이 더 좋은 방식은 average( ) 함수가 평균값을 반환(동종의 입력/출력 매핑)하는 것입니다. 여러분은 그 값을 받아 별도의 함수에서 print( ) 함수를 호출하여 표준 출력으로 표시합니다. 이것이 더 나은 이유는 결괏값을 출력하는 대신 파일에 쓰거나 심지어는 다른 함수의 입력으로 사용할 수 있는 기회를 제공하기 때문입니다.

```
def average(*args):
    return sum(args)/len(args)

avg = average(1, 2, 3)
print(avg)
# 2.0
```

코드 7-14. **동종의 입력/출력 매핑에 대한 긍정적인 예제**

당연히 어떤 프로그램들은 한 범주에서 다른 범주로 필터링하기로 합니다. 예를 들어 파일을 표준 출력으로 쓰거나 혹은 영어를 스페인어로 번역하는 식입니다. 하지만 한 개의 일을 잘하는 프로그램을 작성하는 원칙(유닉스 원칙 1 참고)을 따르는 프로그램들은 그 외에 다른 것을 해서는 안됩니다. 직관적이고 자연스러운 프로그램을 작성하는 최적 표준은 필터로 정렬하며 설계하는 것입니다!

10. 더 나쁜 것이 더 좋다

이 원칙은 더 적은 기능성을 갖는 코드를 개발하는 것이 보통 실제로 더 좋은 접근법이라고 제안합니다. 자원이 제한적이라면 배포를 하기 전에 끊임없이 더 좋게 만들려고 노력하는 것보다 더 나쁜 제품을 배포하고 시장에서 최초가 되는 것이 좋습니다. 이 원칙은 리스프(LISP) 언어의 개발자인 리차드 가브리엘(Richard Gabriel)에 의해 18세기 후반에 만들어졌는데 3상의 MVP 원칙과 유사합니다. 이 비직관적인 원칙을 글자 그대로만 받아들이면 안됩니다. 더 나쁜 것은 질적인 측면에서는 더 좋지 않습니다. 만약 시간과 자원이 무제한이라면 프로그램을 완벽하게 만드는 것이 항상 최상일 것입니다. 하지만 제한된 자원만 허락되는 세상에서는 더 나쁜 어떤 것을 빠르게 배포하는 것이 흔히 더 효율적입니다. 예를 들어 어떤 문제에 대해 단순한 해법은 선발자의 이익(First-mover advantage)을 주며 초기 사용자들로부터 빠른 피드백을 받으며 소프트웨어 개발 프로세스에서 조기에 모멘텀과 관심을 획득합니다. 많은 실무자들은 후발 주자의 경우 선발자의 사용자들을 끌어오는 훨씬 뛰어난 제품을 만들려면 훨씬 더 많은 에너지와 자원들을 투자해야 합니다.

11. 클린 코드가 영리한 코드보다 좋다

이것은 유닉스의 철학인 "*명확함이 영리함보다 낫다*"를 살짝 변경한 것으로 먼저 프로그래밍하는 코드에 관한 원칙에 집중하고, 두 번째로 그 원칙을 여러분이 이미 배운 *클린 코드를 작성하는 방법*(4장 참고)과 연계합니다.

이 원칙은 클린 코드와 영리한 코드 사이의 트레이드오프를 강조합니다. 영리한 코드는 단순성을 희생해서는 안됩니다.

예를 들어 코드 7-15의 단순한 버블 정렬 알고리즘은 반복적으로 데이터를 비교하여 정렬되지 않은 인접한 두 요소들의 위치를 변경함으로써 리스트의 값들을 정렬합니다. 더 작은 요소가 왼쪽으로 가고 더 큰 요소는 오른쪽으로 갑니다. 이것이 반복되어 리스트가 조금씩 정렬됩니다.

```
def bubblesort(l):
    for boundary in range(len(l)-1, 0, -1):
        for i in range(boundary):
            if l[i] > l[i+1]:
                l[i], l[i+1] = l[i+1], l[i]
    return l

l = [5, 3, 4, 1, 2, 0]
print(bubblesort(l))
# [0, 1, 2, 3, 4, 5]
```

코드 7-15. **파이썬으로 작성한 버블 정렬 알고리즘**

코드 7-15의 알고리즘은 읽기 쉽고 명확합니다. 목적을 달성하고 어떠한 불필요한 코드도 포함되어 있지 않습니다.

이제 여러분의 똑똑한 동료가 if문을 한 줄 줄일 수 있는 *조건부 할당문*을 사용하여 코드를 짧게 만들어야 한다고 주장한다고 합시다.(코드 7-16을 보세요)

```
def bubblesort_clever(l):
    for boundary in range(len(l)-1, 0, -1):
        for i in range(boundary):
            l[i], l[i+1] = (l[i+1], l[i]) if l[i] > l[i+1] else (l[i], l[i+1])
    return l

print(bubblesort_clever(l))
# [0, 1, 2, 3, 4, 5]
```

코드 7-16. **파이썬으로 작성한 "영리한" 버블 정렬 알고리즘**

속임수로는 코드가 개선되지 않았으며 가독성과 명확함이 떨어집니다. 4번째 줄의 조건부 할당문 기능은 영리할지 모르지만 그로 인해 여러분의 생각이 클린 코드로 작성되지 않았습니다. 클린 코드를 작성하는 더 많은 팁은 4장을 참고하세요.

12. 다른 프로그램과 연결되는 프로그램을 설계한다

여러분의 프로그램은 홀로 존재하지 않습니다. 어떤 프로그램은 사람 혹은 다른 프로그램에 의해 어떤 태스크를 실행하도록 호출됩니다. 따라서 여러분은 외부의 세계인 사용자들 혹은 다른 프로그램들과 동작하는 API를 설계할 필요가 있습니다. 입력/출력 매핑이 직관적이어야 한다는 9번째 유닉스 원칙("어떤 프로그램을 필터로 만든다")을 고수함으로써 여러분은 이미 홀로 존재하는 것이 아닌 연결된 프로그램들을 설계하고 있습니다. 위대한 프로그래머는 장인일 뿐만 아니라 건축가입니다. 그들은 옛날 함수, 새로운 함수와 다른 사람들의 프로그램을 고유하게 조합하여 새로운 프로그램을 생성합니다. 그 결과 인터페이스가 앞에 서고 개발 주기의 중심이 됩니다.

13. 코드를 견고하게 만든다

어떤 코드 기반이 쉽게 깨지지 않는다면 *견고*합니다. 코드의 견고성에는 프로그래머의 관점과 사용자의 관점과 같이 두 가지 관점이 있습니다.

프로그래머로서 여러분은 코드를 수정하면 잠재적으로 코드를 깰 수 있습니다. 심지어 어떤 부주의한 프로그래머가 기능성을 쉽게 파괴하지 않고 코드 기반에 작업할 수 있다면 변화에 대해 견고한 것입니다. 거대한 모놀리식 코드 블록이 있고 그것을 모든 프로그래머가 *수정할 권한*이 있다고 합시다. 어떤 작은 변화도 전체를 망가지게 할 수 있습니다. 이제 이것을 넷플릭스 혹은 구글과 같은 회사에서 개발하는 코드와 비교해봅시다. 여기서 모든 변화는 세계로 배포되기까지 다수의 승인 계층을 거쳐야 합니다. 변경사항들은 철저하게 테스트되고 따라서 배포된 코드는 고장을 발생하는 변경으로부터 보호됩니다. 보호 계층을 추가하여 구글과 넷플릭스는 그들의 코드를 깨지기 쉽고, 모놀리식한 코드 기반이 아니라 견고하게 만들었습니다.

코드 기반을 견고하게 만드는 한 가지 방법은 개발자 개인이 적어도 한 명의 다른 사람에 의해 그 코드가 손해보다는 가치를 가지고 있다고 검증받지 않으면 코드를 훼손할 수 없도록 접근 권한을 통제하는 것입니다. 이러한 프로세스로 인해 기민성이 조금은 떨어질 수 있지만 그 값은 1인 스타트업이 아닌 한 충분한 가치를 합니다. 여러분은 이미 이 책을 통해서 코드의 견고성을 확보하는 다음과 같은 방법들을 살펴보았습니다. 작은 것이 아름답다, 한 개의 일을 잘하는 함수를 만든다, 테스트 주도 개발을 사용한다, 일을 단순하게 한다. 그 외에 쉽게 적용할 수 있는 기법들은 다음과 같습니다.

- 이전 버전의 코드를 복원할 수 있는 깃(Git)과 같은 버전 관리 시스템을 사용합니다.
- 응용 프로그램 데이터를 정기적으로 백업하여 복구 가능하도록 만듭니다.(데이터는 버저닝 시스템의 일부가 아닙니다.)
- 분산 시스템을 사용하여 단일 장애점(Single point of failure)을 회피합니다. 여러분의 응용 프로그램을 다수의 머신에서 실행하여 실패하는 머신이 응용 프로그램에 악영향을 줄 확률을 줄입니다. 예를 들어 한 머신은 실패 확률이 하루당 1퍼센트라고 합시다. 매 100일마다 한 번은 실패할 것입니다. 독립적으로 실패하는 다섯 대의 분산 시스템을 만들면 이론적으로 그 실패 확률은 $0.01^5 \times 100\%$ =0.00000001% 이 됩니다.

사용자 관점에서 응용 프로그램에 잘못된 혹은 심지어는 악의적인 입력이 들어왔을 때 쉽게 깨지지 않으면 그 프로그램을 견고하다고 할 수 있습니다. 사용자들은 고릴라 무리처럼 키보드를 때리고 무작위적인 문자들을 입력할 수 있고, 고도로 숙련된 해커들은 여러분보다 응용 프로그램을 더 잘 이해하고 아주 작은 보안 이슈라도 악용할 준비가 되었다고 가정합시다. 여러분의 응용 프로그램은 두 종류의 사용자들 모두에 견고해야 합니다.

전자의 사람들에게 보호하는 것은 상대적으로 쉽습니다. 단위 테스트는 강력한 도구가 됩니다. 경계 조건들과 같이 여러분이 생각하는 어떤 입력에 대해서도 함수를 테스트합니다. 예를 들어 여러분의 함수가 정수를 인자로 받아 제곱근을 계산한다면 단위 테스트는 음수와 0을 처리할 수 있는지 테스트합니다. 왜냐하면 처리되지 않은 예외들은 신뢰할 수 있고, 단순하고, 연쇄적인 프로그램들의 고리를 깰 수도 있기 때문입니다. 하지만 처리되지 않은 예외들은 보안 전문가이자 이 책의 기술 감수자인 노아 스판(Noah Spahn)에 의해 내 주의를 끌었던 좀 더 미묘한 다른 문제로 이어집니다. 프로그램을 깨는 입력을 제공하게 되면 공격자는 호스트 운영체제에 대한 발판을 마련할 수 있습니다. 따라서 여러분의 프로그램이 모든 종류의 입력을 처리할 수 있는지 확인하고 코드를 더욱 견고하게 만들어야 합니다.

14. 여러분이 할 수 있는 것은 고친다. 하지만 실패는 빠르고 시끄럽게

여러분의 코드에 있는 문제점들을 가능한 고치는 동안 여러분은 고칠 수 없는 오류들을 숨겨서는 안됩니다. 숨겨진 오류는 빠르게 배가되고 더 커지고 더 오랫동안 숨겨진 채로 남아있습니다.

오류들은 축적될 수 있습니다. 예를 들어 자동차 내비게이션 앱을 위한 음성 인식 시스템에 완전히 서로 다른 음파를 같은 단어로 분류하는 잘못된 훈련 데이터를 공급한다고 합시다.(그림 7-4) 여러분의 코드는 완전히 다른 음파를 같은 단어로 매핑하려고 하고(예를 들어 이러한 모순되는 정보를 단어들을 음파로 매핑하는 역전된 인덱스에 저장하려고 할 때 오류가 발생할 수 있습니다) 여러분은 두 가지 방식으로 코드를 작성할 수 있습니다. 오류를 감추거나 혹은 오류를 응용 프로그램, 사용자 혹은 프로그래머에게 올리는 것입니다. 많은 프로그래머들이 직관적으로 사용성 개선을 위해 오류를 감추기를 원하지만 이것이 가장 합리적인 접근법은 아닙니다. 오류 메시지는 유용한 정보를 제공해야 합니다. 여러분의 코드에서 어떤 문제를 일찍 알았다면 그 해결 방안도 미리 세울 수 있습니다. 오류에 의한 결과들이 쌓여 수백만 달러 혹은 사람의 생명을 잃기 전에 미리 오류들을 알리는 것이 바람직합니다.

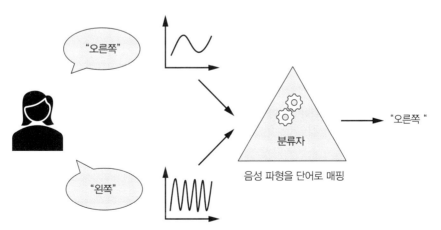

그림 7-4. 훈련 단계의 분류자가 서로 다른 음파를 같은 단어로 매핑합니다

심지어 사용자가 오류 메시지를 좋아하지 않고 응용 프로그램의 사용성이 낮아지더라도 고칠 수 없는 오류들은 묻어두지 않고 올려서 사용자에게 전달하는 것이 낫습니다. 그렇지 않으면 대안은 오류들이 너무나 커져서 처리할 수 없을 때까지 묻어두는 것입니다.

잘못된 훈련 데이터 예제를 계속하여 코드 7-17에는 classify( )라는 파이썬 함수가 있는데 이 함수는 한 개의 입력 인수(분류될 파형)를 받아 분류에 따라 연관된 단어를 반환합니다. 여러분이 wave와 word 쌍을 사용하여 데이터베이스에 있는 상당히 다른 파형이 같은 분류를 갖는지 검사하는 duplicate_check(wave, word) 함수를 구현했다고 합시다. 이 경우 두 개의 완전히 다른 파형이 같은 단어를 매핑하고 있기 때문에 분류 결과는 모호하고 여러분은 무작위로 추측된 단어를 반환하는 것이 아닌 사용자에게 ClassificationError 오류를 올립니다. 맞습니다. 사용자는 화가 날 수 있지만 적어도 오류 결과를 스스로 처리할 수 있는 기회가 생깁니다. *여러분이 할 수 있는 것은 고치세요. 하지만 실패는 빠르고 시끄럽게 해야 합니다!*

```python
def classify(wave):
    # 분류를 수행
    word = wave_to_word(wave) # 구현 예정

    # 다른 파형이 같은 단어를 반환하는지 검사
    if duplicate_check(wave, word):

        # 무작위로 추측하여 오류를 숨기지 않기!
        raise ClassificationError('Not Understood')

    return word
```

코드 7-17. **파형이 분명하게 분류되지 않은 경우 무작위 추측 대신 시끄럽게 실패하는 코드 조각.**

15. 손 해킹(hand-hacking)[3]은 피한다: 할 수 있다면 프로그램을 생성하는 프로그램을 만든다.

이 원칙은 자동으로 생성될 수 있는 코드는 *그래야 한다*는 것을 제안합니다. 왜냐하면 사람은 특히 반복적으로 지루한 작업에서 실패하기로 악명이 높기 때문입니다. 이 원칙을 달성하는 여러 방법이 있습니다. 사실 파이썬과 같은 현대적 고수준 프로그래밍 언어는 소스 코드가 머신 코드로 컴파일됩니다. 프로그램을 생성하는 프로그램을 만

---

3 (역자 주) 전문 용어로 고수준 언어(예, 파이썬) 소스 코드의 특정 부분을 사람이 컴파일러처럼 어셈블리어로 튜닝하는 행위입니다.

드는 방법에 의해 컴파일러의 개발자들은 고수준의 프로그래머들이 저수준의 하드웨어 프로그래밍 언어를 의식하지 않고 응용 프로그램 소프트웨어를 만들 수 있도록 돕습니다. 그러한 프로그램들이 없었다면 컴퓨터 산업은 여전히 초창기였을 것입니다.

코드 생성기와 컴파일러들은 이미 오늘날 엄청난 양의 소스 코드를 생산합니다. 이 원칙을 생각하는 추가적인 방법을 시험해봅시다. 오늘날 머신러닝과 인공지능 기술은 프로그램을 생성하는 프로그램을 만드는 개념을 한 단계 높입니다. 지능적 머신들(머신러닝 모델들)은 사람들에 의해 조립되고 데이터에 의해 그 자체로 재작성(튜닝)됩니다. 기술적으로 머신러닝 모델은 그 행동을 적합성 함수 집합(사람에 의해 설정됨)을 최대화하는 방식으로 수없이 자신을 재작성합니다. 머신러닝이 컴퓨터 과학의 더 많은 영역에 침투(하고 점령)하면서 이 원칙은 현대적 컴퓨팅에서 더욱더 의의가 생깁니다. 인간 프로그래머들은 여전히 그러한 강력한 도구들을 사용하는 주 역할을 맡을 것입니다. 결국 컴파일러들이 인간의 노동을 대체하지는 않겠지만 대신 인간 프로그래머들에 의해 만들어진 응용 프로그램의 새 세상이 열릴 것입니다. 같은 일이 프로그래밍에도 일어날 것으로 필자는 예상합니다. 머신러닝 엔지니어와 소프트웨어 아키텍트들은 머신러닝 모델들과 같은 다른 저수준의 프로그램들을 연결하여 고도의 응용 프로그램들을 설계할 것입니다. 이것은 이 주제에 대한 한 가지 관점이고 여러분도 동의할 것입니다.

결론

이 장에서는 유닉스 창시자들이 설계한 15가지 원칙들을 바탕으로 더 좋은 코드를 작성하는 법을 배웠습니다. 이것들은 반복하여 학습할 가치가 있으며 아래 목록을 읽으면서 각 원칙이 어떻게 여러분의 현재 코드 프로젝트에 적용될 수 있는지 생각해보세요.

- 각 함수는 한 개의 일을 잘한다.
- 단순함이 복잡함보다 좋다.
- 작은 것은 아름답다.
- 프로토타입을 가능한 빠르게 만든다.
- 효율성보다는 이식성을 선택한다.
- 데이터는 플랫 텍스트 파일에 저장한다.
- 소프트웨어를 레버리지로 사용한다.
- 캡티브 사용자 인터페이스를 피한다.

- 모든 프로그램은 필터로 만든다.

- 더 나쁜 것이 더 좋다.

- 클린 코드가 영리한 코드보다 좋다.

- 다른 프로그램과 연결되는 프로그램을 설계한다.

- 코드를 견고하게 만든다.

- 여러분이 할 수 있는 것은 고친다. 하지만 실패는 빠르고 시끄럽게.

- 손 해킹(hand-hacking)은 피한다: 할 수 있다면 프로그램을 생성하는 프로그램을 만든다.

다음 장에서는 디자인에 있어 최소주의의 영향에 대해서 배우고 더 적게 함으로써 어떻게 사용자들을 기쁘게 하는 응용 프로그램을 디자인할 수 있는지에 대해 배웁니다.

참고 문헌

- Mike Gancarz, The Unix Philosophy, Boston: Digital Press, 1994.

- Eric Raymond, The Art of Unix, Boston: Addison-Wesley, 2004, http://www.catb.org/~esr/writings/taoup/html/.

8

디자인은 적은 것이
더 많다

　　　　　단순함은 프로그래머의 삶의 방식입니다. 자신이
디자이너라고 생각하지 않을 수 있지만 프로그래머
로 일하는 동안 다수의 사용자 인터페이스를 만들게
됩니다. 데이터 과학자로서 시각적으로 매력적인 대시보드를 만들든 아니면 데이
터베이스 엔지니어로서 사용하기 쉬운 API를 만들든 혹은 블록체인 개발자로서 스
마트 계약에 데이터를 채우는 단순한 웹 프론트엔드를 개발하든, 기본적인 디자인
원칙들을 알게 되면 여러분과 여러분의 팀에 일정을 당길 수 있습니다. 또한 이 원칙
들은 배우기도 쉽습니다! 이 장에서 다루는 디자인 원칙들은 보편적입니다.

구체적으로 말하면 여러분은 최소주의 사고방식으로 가장 이득을 볼 수 있는 컴퓨터
공학의 영역인 디자인과 사용자 경험(UX)을 탐험할 것입니다. 디자인과 UX에서 최
소주의의 중요한 견해를 얻기 위해 네이버 검색엔진과 구글 검색엔진의 차이점, 블랙
베리와 아이폰의 차이점, 페이스북 데이팅과 틴더(Tinder)의 차이점에 대해 생각해
보세요. 디자인은 적은 것이 더 많다는 의미가 이해되시나요?

먼저 그러한 제품들의 창조자의 급진적인 집중성이 반영된 몇몇 창작물들에 대해 알아볼 것입니다. 그다음 어떻게 여러분이 최소주의를 적용할 수 있는지 알아봅니다.

휴대폰 진화에서의 최소주의

컴퓨팅 디자인에서 최상의 예는 휴대폰의 진화에서 찾아볼 수 있습니다.(그림 8-1을 보세요) 거의 가장 먼저 상업화된 "휴대"폰 중 하나인 노키아 모비라 세니터는 1980년대에 출시되었고 그 무게는 10킬로그램으로 다루기 꽤 복잡했습니다. 일 년 후 모토로라는 그보다 10배 가벼운 1킬로그램의 다이나택 8000X 모델을 출시하였습니다. 노키아는 게임을 포기해야 했습니다. 1992년에 노키아는 다이나택 8000X 모델의 절반 무게인 노키아 1011로 나타났습니다. 거의 10년 후인 2000년에는 무어의 법칙에 따라 노키아는 무게가 오직 88그램으로 상징적인 노키아 3310 모델로 큰 성공을 거두었습니다. 휴대폰 기술이 점점 세련되고 복잡하게 성장함에 따라 사용자 인터페이스, 크기, 무게 심지어는 버튼 수 등의 요소들은 극적으로 복잡함이 줄었습니다. 휴대폰의 진화는 비록 응용 프로그램의 복잡성이 차원이 다르게 복잡해졌지만 디자인은 그와 반대로 근본적인 최소주의가 성공했음을 증명합니다. 여러분은 심지어 최소주의 디자인이 오늘날 휴대폰 앱의 성공과 폭발적인 사용량을 위한 길을 닦았다고 주장할 수도 있습니다. 노키아 세니터 모델이었다면 웹을 브라우징하는 것도, 지도 서비스를 사용하는 것도 혹은 영상 메시지를 보내는 것도 어려웠을 것입니다.

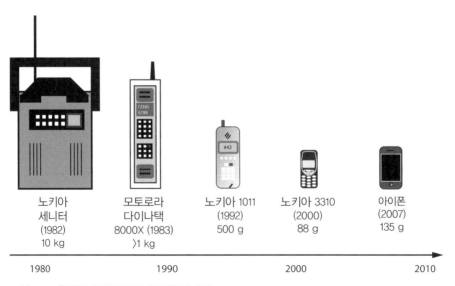

그림 8-1. **휴대폰 진화의 몇몇 중요한 단계들**

휴대폰 외에도 최소주의 디자인은 많은 제품들에 보입니다. 회사들은 최소주의를 따라 UX를 개선하고 집중된 응용 프로그램들을 만듭니다. 구글 검색 엔진보다 더 나은 예가 있을까요?

검색의 최소주의

그림 8-2는 주된 사용자 인터페이스로 급진적으로 단순화된 웹 관문을 설계한 구글과 닮은 최소주의적 디자인의 스케치입니다. 실수한 것이 아니고 최소주의적이고 깨끗한 디자인은 잘못된 것이 아닙니다. 이 랜딩 페이지는 매일 수억 명의 사람들이 자주 찾습니다. 아마도 웹에 있는 *최상의* 땅일 것입니다. 구글의 랜딩 페이지에는 작은 광고가 수억의 클릭을 유발하고 아마도 수억 달러의 수익을 가져다줄 수도 있지만 구글은 그러한 광고들로 랜딩 페이지가 더럽혀지는 것을 허용하지 않았습니다. 단기간의 수익 기회를 잃으면서도 말이죠. 회사는 최소주의 디자인을 통해 표현된 브랜드 통일성과 집중을 유지하는 것이 최상의 땅을 팔아 벌어들일 수 있는 수익보다 값지다는 것을 알았습니다.

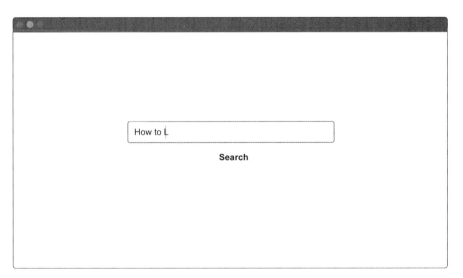

그림 8-2. **최소주의 디자인이 적용된 현대적 검색 엔진의 예**

이제 이 깨끗하고 집중된 디자인과 네이버[1]와 다음 같이 그들의 최상의 땅을 악용하고 있는 다른 검색엔진을 비교해봅시다.(그림 8-3을 보세요)

---

1 **(역자 주)** 원서는 야후로 되어 있으나 번역 과정에서 네이버로 교체했습니다.

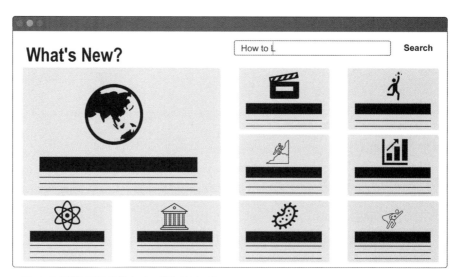

그림 8-3. **검색 엔진 혹은 뉴스 제공 사이트?**

네이버와 같이 기본적으로 검색 엔진 사이트와 회사들도 같은 경로를 따랐습니다. 그들은 가치있는 땅을 뉴스와 광고로 채워서 단기적 수익을 높이려고 했습니다. 하지만 그들의 수익은 지속되지 않았는데, 그 이유는 디자인으로 인해 수익을 만들어내는 최상의 원천인 사용자들이 빠져나갔기 때문입니다. 줄어든 사용성은 경쟁 우위를 잃었고 사용자들의 지속적인 검색 행동의 감소로 이어졌습니다. 검색과는 무관한 어떤 부가적인 웹 사이트의 요소는 사용자에게 인지적 부담을 증가시켰고 고객들은 신경쓰이는 헤드 라인, 광고와 이미지들을 무시해야 했습니다. 매끈한 검색 경험은 구글이 지속적으로 시장 점유율이 높은 이유 중 하나입니다. 결정적인 말은 아직 하지 않았지만 지난 십수 년간 집중된 검색 엔진의 떠오르는 인기는 최소주의와 집중된 디자인의 우월함을 시사합니다.

머터리얼 디자인

개발사인 구글은 현재 *머터리얼 디자인* 철학과 디자인 언어를 고수합니다. 이 방식은 사용자들이 종이, 카드, 펜과 그림자와 같은 물리적 세계의 요소와 같이 이미 직관적으로 이해하는 것에 따라 화면의 요소들을 배치하고 디자인하는 방식을 말합니다. 이전 섹션에 있는 그림 8-3은 머터리얼 디자인의 예를 보여줍니다. 웹사이트는 카드들로 구성되어 있고, 각 카드는 컨텐트 한 조각을 의미하고 각 컨텐트는 이미지와 어떤 헤드라인 텍스트를 갖는 신문을 닮은 레이아웃을 가집니다.

비록 2차원의 화면에서 3차원(3D) 효과는 순수한 착각이지만 웹사이트의 룩앤필

(look and feel)은 거의 물질의 느낌을 받습니다.

그림 8-4는 왼쪽에 있는 머터리얼 디자인과 오른쪽에 있는 불필요한 요소들을 걷어낸 비머터리얼 디자인과 비교합니다. 여러분은 비머터리얼 디자인이 더욱더 최소주의적이라고 주장할 수 있고 그러한 방식으로는 여러분이 옳을 것입니다. 그것은 더 적은 공간을 차지하고 더 적은 색상과 그림자와 같은 비기능적인 가시적 요소들도 더 적게 사용합니다. 하지만 경계와 직관적으로 익숙한 레이아웃을 제거했기 때문에 비머터리얼 디자인은 흔히 독자에게 더 많은 혼란을 줍니다. 진정한 최소주의자는 항상 같은 목표를 달성하기 위해 값비싼 자원들을 더 적게 사용할 것입니다. 몇몇 경우에 이것은 웹 사이트에 있는 가시적 요소들의 수를 줄이는 것을 의미합니다. 다른 경우에는 사용자가 생각할 시간을 줄여주기 위해 몇몇 요소들을 추가하는 것을 의미하기도 합니다. 경험으로 비추어 볼 때 사용자의 시간은 화면의 공간보다 훨씬 희소한 자원입니다.

머터리얼 디자인에 관한 수많은 아름다운 사례 연구들은 *https://material.io/design/*에서 완전한 소개 자료와 함께 찾을 수 있습니다. 미래에는 새로운 디자인 시스템들이 나오고 사용자들은 점점 디지털 작품에 익숙해져서 머터리얼 메타포가 차세대의 컴퓨터 사용자들에게는 덜 중요해질 수도 있습니다. 지금까지는 단지 최소주의가 시간, 공간과 돈과 같은 의미있는 자원들에 대한 주의깊은 고려를 필요로 하며 여러분은 응용 프로그램의 필요에 따라 중요성을 따져야 한다는 것만 기억하세요. 정리하면, 최소주의적 디자인은 모든 불필요한 요소들을 제거하고 결국 사용자들을 기쁘게 할 수 있는 아름다운 제품으로 이어집니다.

다음은 이것을 어떻게 달성할 것인지 배웁니다.

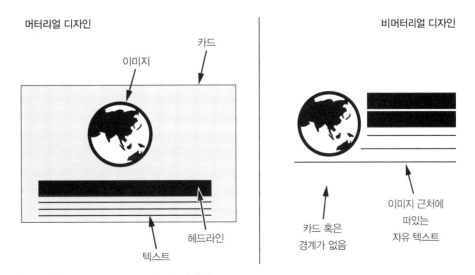

그림 8-4. **머터리얼과 비머터리얼 디자인**

머터리얼 디자인 구현하기

이 섹션에서 여러분은 집중되고 최소주의적인 디자인을 구현하는 기술적인 팁과 방법들에 대해 배울 것입니다.

여백을 사용하기

여백은 최소주의적 디자인을 위한 핵심 요소 중 하나입니다. 응용 프로그램에 여백을 추가하면 귀중한 땅을 낭비하는 것 같아 보일 것입니다. 트래픽이 많은 웹사이트의 1인치의 공간도 허투루 쓰고 싶지 않을 것입니다, 그렇죠? 광고로도 사용하고, 더 많은 제품을 팔기 위한 "클릭 유도 문안(CTA)[2]" 버튼을 추가하고 가치 제안을 위한 부가 정보도 넣고 더 개인화된 추천도 넣고 싶을 것입니다. 여러분의 앱이 더 많이 성공할수록 더 많은 이해관계자들이 그들이 얻을 수 있는 모든 관심을 끌어내기를 원하고 어느 누구도 앱에 채워져 있는 요소들을 제거하자고 요구하지 않을 것입니다.

덜어내는 사고방식은 자연스럽지 않아 보입니다. 하지만 여백으로 디자인 요소들을 대체하면 명확성이 개선되고 좀 더 집중된 UX로 이어집니다. 성공한 회사들은 가장 주요한 것에 여백을 사용하여 그것을 집중되고 선명하게 유지합니다. 애플은 제품을 발표할 때 수많은 여백을 사용합니다. 사용자들을 생각한다면 다음을 기억하세요. 사용자들은 혼란스러우면 떠납니다. 여백은 사용자 인터페이스의 명확성을 더합니다.

그림 8-5는 온라인 피자 배달 서비스를 위한 단순한 디자인 아이디어를 보여줍니다. 여백은 고객들이 피자를 주문한다는 주요한 것에 집중하도록 지원합니다. 안타깝게도 현실에서 피자 배달 서비스는 그림 8-5와 같이 극단적으로 여백을 충분히 사용하는 경우가 거의 없습니다.

---

2 (역자 주) 클릭 유도 문안은 일반적으로 독자가 클릭을 통해 브랜드에 더 많이 참여하도록 유도하는 화면 영역입니다.

그림 8-5. **많은 여백을 사용하기**

또한 여백은 텍스트의 명확성을 개선할 수 있습니다. 그림 8-6을 보시면 문단을 포맷팅하는 두 가지 방식을 비교합니다.

Python One-Liners
There are five more reasons I think learning Python one-liners will help you improve and are worth studying.
First, by improving your core Python skills, you'll be able to overcome many of the small programming weaknesses that hold you back. It's hard to make progress without a profound understanding of the basics. Single lines of code are the basic building block of any program. Understanding these basic building blocks will help you master high-level complexity without feeling overwhelmed.
Second, you'll learn how to leverage wildly popular Python libraries, such as those for data science and machine learning. The book is divided into five one-liner chapters, each addressing a different area of Python, from regular expressions to machine learning. This approach will give you insight into the broad horizon of possible Python applications you can build, as well as teach you about how to use the powerful libraries.
Third, you'll learn to write more Pythonic code. Beginning Python users, especially those coming from other programming languages, often write code in "unpythonic" ways. We'll cover Python-specific concepts like list comprehension, multiple assignment, and slicing, all of which will help you write code that's easily readable and sharable with other programmers in the field.
Fourth, studying Python one-liners forces you to think clearly and concisely. When you're making every single code symbol count, there's no room for sparse and unfocused coding.
Fifth, your new one-liner skill set will allow you to see through overly complicated Python codebases, and impress friends and interviewers alike. You may also find it fun and satisfying to solve challenging programming problems with a single line of code. And you wouldn't be alone: a rich online community of Python geeks compete for the most compressed, most Pythonic solution to various practical (and not-so-practical) problems.

Python One-Liners

↔ There are five more reasons I think learning Python one-liners will help you improve and are worth studying.
↕
↔First, by improving your core Python skills, you'll be able to overcome many of the small programming weaknesses that hold you back. It's hard to make progress without a profound understanding of the basics. Single lines of code are the basic building block of any program. Understanding these basic building blocks will help you master high-level complexity without feeling overwhelmed.

Second, you'll learn how to leverage wildly popular Python libraries, such as those for data science and machine learning. The book is divided into five one-liner chapters, each addressing a different area of Python, from regular expressions to machine learning. This approach will give you insight into the broad horizon of possible Python applications you can build, as well as teach you about how to use the powerful libraries.

그림 8-6. **텍스트의 여백**

그림 8-6의 왼쪽은 훨씬 읽기 어렵습니다. 오른쪽은 여백을 넣어 가독성과 UX를 개선하였습니다. 텍스트 블록 주위의 왼쪽과 오른쪽의 마진, 문단의 들여쓰기, 늘어난 행 높이, 단락 주위의 위아래 마진, 폰트 사이즈 키움. 추가된 여백으로 인한 비용은 무시해도 될 정도입니다. 스크롤은 쉽고 전자 출판이므로 종이를 위해 물리적으로 더 많은 나무가 베어졌다고 걱정하지도 않아도 됩니다. 반면, 이점은 매우 현실적입니다.

웹사이트 혹은 응용 프로그램의 UX가 상당히 좋아졌습니다!

디자인 요소들을 제거하기

이 원칙은 단순합니다. 디자인 요소 각각을 하나씩 검토하여 가능한 경우에는 제거합니다. *디자인 요소들*은 사용자 인터페이스를 이루는 가시적 요소들이며 예를 들어 설명하자면, 메뉴 항목들, 클릭 유도 문안, 특성 리스트, 버튼, 이미지, 박스, 그림자, 폼 양식, 팝업, 동영상과 및 사용자 인터페이스에 포함된 모든 것을 의미합니다. 말 그대로 모든 디자인 요소들을 검토하고 물어보세요. *'이것을 제거할 수 있을까?'* 얼마나 자주 이 질문에 '*예*'라고 답할 수 있는지 여러분은 알게되면 놀랄 것입니다!

실수하지 마세요. 디자인 요소들을 제거하는 것은 쉬운 일이 아닙니다! 여러분은 디자인 요소를 생성하는데 시간과 노력을 투입했고 매몰 비용에 대한 편견으로 그것들이 불필요한 경우에도 유지하고 싶은 유혹에 빠집니다. 그림 8-7은 UX에 있어 여러분이 각 요소를 분류할 때 사용할 수 있는 이상적인 편집 절차를 보여줍니다. 예를 들어 회사 블로그의 특정 메뉴 항목이 사용자가 제품을 주문 시 결제할 때 도움이 되는가? 만약 아니라면, 중요하지 않음으로 분류하세요. 아마존은 주문 절차에서 모든 불필요한 디자인 요소들을 제거하였는데 예를 들면 원클릭 구매 버튼을 도입하였습니다. 필자가 처음 이 방법을 과학 작문 워크숍에서 배웠을 때 이것으로 편집에 대해 생각하는 방식이 완전히 바뀌었습니다. 중요하지 않고 덜 중요한 디자인 요소들을 제거하면 적은 리스크로 사용성이 개선됩니다. 하지만 오직 진정으로 위대한 디자이너들은 과감하게 *중요한* 디자인 요소들을 제거하고 *매우 중요한* 요소들만 남깁니다. 다음은 단지 좋은 디자인과 위대한 디자인을 나누는 기준입니다.

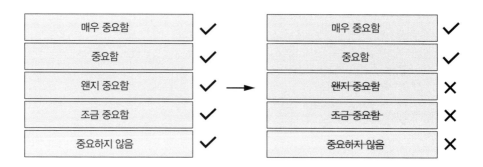

그림 8-7. **이상적인 편집 절차**

그림 8-8은 지저분한 디자인과 최소주의적으로 편집된 디자인의 예를 보여줍니다. 왼쪽의 주문 페이지는 여러분이 온라인 피자 배달 서비스에서 볼 법한 화면입니다.

피자를 배달할 주소와 주문 버튼과 같이 어떤 요소들은 매우 중요하지만 과도하게 자세한 재료 목록과 "새로운 소식?" 정보 상자 등은 덜 중요합니다. 오른쪽은 주문 페이지가 편집된 결과입니다. 불필요한 요소들을 제거하고 가장 인기있는 업셀(upsell)[3]에 집중하고, 재료 목록을 헤드라인과 결합하고, 양식 요소들의 라벨들을 결합하였습니다. 이로 인해 더 많은 여백이 추가되고 심지어 가장 중요한 디자인 요소인 맛있는 피자 이미지의 크기가 커졌습니다! 개선된 UX를 통해 군더더기가 줄어들고 집중도가 높아져 주문 페이지의 전환율이 높아질 것입니다.

그림 8-8. **중요하지 않은 요소들을 제거하기. 다수의 디자인 요소들을 포함하여 집중되지 않은 주문 페이지(왼쪽), 불필요한 디자인 요소들을 제거하여 집중된 주문 페이지(오른쪽)**

기능들을 제거하기

최소주의적 디자인을 구현하는 최상의 방법은 응용 프로그램에 있는 모든 기능을 제거하는 것입니다! 이러한 생각에 대해서는 3장 MVP 만들기에서 이미 배웠습니다. MVP는 가설을 검증하기 위한 최소한의 기능들만을 포함합니다. 기능의 개수를 최소화하는 것은 기존의 회사가 제품의 전열을 재정비할 때도 똑같이 도움이 됩니다.

시간이 지나면서 응용 프로그램에는 기능들이 축적됩니다. 이 현상은 *피처 크리프 (feature creep)*로 잘 알려져 있습니다. 그 결과 점점 더 많은 초점이 기존의 기능들을 유지하는 쪽으로 이동합니다. 피처 크리프는 비대한 소프트웨어로 이어지고 그것은 기술 부채(technical debt)로 남습니다. 기술 부채는 회사의 기민성을 낮춥니다. 기능

---

3 (역자 주) 업셀이란 쇼핑몰에서 현재 제품보다 더 비싸고 품질 좋은 제품을 판매하는 것을 의미합니다.

을 제거하는 생각의 배후에는 에너지, 시간과 자원들을 해제하고 사용자들에게 가장 중요한 소수의 기능들에 재투자하려는 의도가 있습니다.

피처 크리프의 유명한 예와 그것이 사용성 저해로 이어진 사례들에는 야후, AOL과 마이스페이스(MySpace) 등이 있으며 여기에서는 사용자 인터페이스에 너무나 많은 것들을 추가하여 제품의 집중성을 잃게 되었습니다.

내조적으로 세계에서 가장 성공한 제품들은 집중적이며 외적으로는 그렇게 보이지 않더라도 피처 크리프에 저항하였습니다. 마이크로소프트는 어떻게 *집중된 제품들*을 만드는 것이 최고로 성공한 회사가 되는데 도움이 되는지에 대한 훌륭한 사례입니다. 일반적인 인식은 윈도우와 같은 마이크로소프트의 제품들이 느리고, 비효율적이고, 너무나 많은 기능들을 내장하고 있다고 말합니다. 하지만 그것은 사실과 크게 다릅니다! 여러분이 현재 보고 있는 마이크로소프트의 모든 것은 마이크로소프트가 그동안 수많은 기능들을 제거해왔던 결과입니다. 비록 마이크로소프트가 거대하지만 그 제품의 크기를 보면 실제로 매우 집중적임을 알 수 있습니다. 수십만 명의 소프트웨어 개발자들이 매일 새로운 마이크로소프트 코드를 작성합니다. 다음은 애플과 마이크로소프트 모두에서 근무한 경험이 있는 유명한 엔지니어인 에릭 트라우트(Eric Traut)가 소프트웨어 엔지니어링에 관한 마이크로소프트의 집중적인 접근법에 대한 언급입니다.

"많은 사람들이 윈도우가 실제로 크고 비대한 운영체제라고 생각하며 이 생각은 정당한 분류일 수도 있습니다. 맞습니다. 그것은 큽니다. 그 안에 수많은 것들을 포함하고 있죠. 하지만 그 핵심을 보면, 커널과 운영체제의 핵심을 구성하는 컴포넌트들은 실제로 상당히 간결합니다."

요약하면 많은 사용자들이 장기간 사용해온 응용 프로그램을 만들 때 기능들을 제거하는 것은 일과에서 핵심 활동이 되어야 합니다. 왜냐하면 그래야 자원, 시간과 에너지, 사용자 인터페이스 영역을 해제하여 더 중요한 기능들을 개선하는데 자원을 재투자할 수 있기 때문입니다.

폰트와 색상의 변화를 줄이기

광범위한 변동성은 복잡성을 유발합니다. 폰트 종류, 폰트 크기와 색상들이 너무 많으면 인지적 마찰이 증가하고 사용자 인터페이스에 대한 인지된 복잡성이 늘고 명확성은 희생됩니다. 최소주의적 프로그래머는 이러한 심리적 효과들이 여러분의 응용 프로그램에서 쌓이기를 원하지 않습니다. 효과적인 최소주의적 디자인은 흔히 한두 가지의 폰트 종류, 한두 가지의 색상 혹은 한두 가지의 폰트 크기에 집중되어 있습니다. 그림 8-9는 폰트 종류, 크기, 색상과 대조의 사용에 대해 일관성 있고 최소주의적인 사용을 보여줍니다. 그렇긴 하지만 디자인에는 다양한 접근법이 있고 다양한 방법으로 모든 수준에서 집중과 최소주의를 달성할 수 있음을 주목하세요. 예를 들어 최소주의적 디자인은 다수의 서로 다른 색상들을 사용하여 응용 프로그램의 외관을 장난기 많고 다채롭게 만들 수 있습니다.

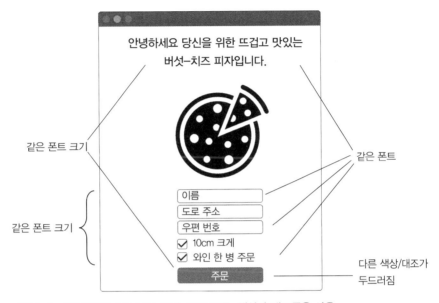

그림 8-9. **최소주의적으로 폰트 크기, 폰트 종류, 색상과 대조들을 사용**

일관성 지키기

응용 프로그램은 일반적으로 단일 사용자 인터페이스가 아니라 다수의 인터페이스로 사용자의 상호작용을 처리합니다. 이는 다른 차원의 최소주의적 디자인인 일관성으로 이어집니다. 일관성은 주어진 앱에서 디자인 선택의 변동성을 최소화하는 정도로 정의합니다. 사용자에게 상호 작용 각 단계에 대해 서로 다른 룩앤필을 제시하기 대신 일관성은 응용 프로그램이 응집된 전체로 느껴지는 것을 보장합니다. 예를 들어 애플은 브라우저, 건강 앱과 지도 앱과 같은 다수의 아이폰 앱이 모두 유사한 룩앤필을 가지며 그것들이 애플 제품으로 인식됩니다. 다른 앱 개발자들이 일관된 디자인을 갖는 것은 쉬운 일이 아니나 이것은 애플 브랜드 강화에 매우 중요합니다. 브랜드 일관성을 보장하기 위해 소프트웨어 회사들은 *브랜드 지침*을 사용하여 브랜드에 공헌하는 어떤 개발자가 이를 반드시 준수하도록 합니다. 응용 프로그램을 만들 때 브랜드 지침의 각 항목을 체크하도록 합시다. 예를 들면 공통의 템플릿 혹은 CSS 스타일 시트를 일관성 있게 사용하면 됩니다.

결론

이 장에서는 애플과 구글 같은 가장 성공적인 소프트웨어 사례를 통해 어떻게 최소주의적 디자이너들이 디자인의 세계를 주도하였는지 알아보았습니다. 대개 선도하는 기술과 사용자 인터페이스들은 급진적으로 단순합니다. 누구도 미래가 어떻게 될지 모르지만 음성 인식과 가상현실의 광범위한 채택은 심지어 더 단순한 사용자 인터페이스로 이어질 것입니다. 궁극적인 최소주의적 디자인은 눈에 보이지 않습니다. 예를 들어 알렉사와 시리와 같은 유비쿼터스 컴퓨팅이 부상하면서 필자는 십년 후에 훨씬 더 단순하고 집중된 사용자 인터페이스가 나올 것으로 예상합니다. 따라서 이 장 최초의 질문에 답을 해보겠습니다. *네, 디자인은 적은 것이 더 많습니다!*

다음 장이자 이 책의 마지막 장에서 우리는 집중에 대해 논의하고 그것이 오늘날 프로그래머들에게 필요한 이유에 대해 알아봅니다.

참고 문헌

- 사용자 인터페이스에 관한 애플의 문서: https://developer.apple.com/design/human-interface-guidelines/guidelines/overview/
- 머터리얼 디자인 스타일에 관한 문서: https://material.io/design/introduction

9

집중

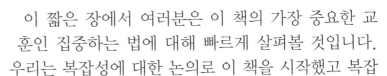 이 짧은 장에서 여러분은 이 책의 가장 중요한 교훈인 집중하는 법에 대해 빠르게 살펴볼 것입니다. 우리는 복잡성에 대한 논의로 이 책을 시작했고 복잡성은 생산성에 대한 수많은 장애물의 근원입니다. 여기서 우리는 이 책에서 배운 내용들을 기반으로 복잡성을 극복하는 방법에 대해 요약합니다.

복잡성에 대한 무기

이 책의 주된 논지는 복잡성이 혼돈으로 이어진다는 것입니다. 혼돈은 집중의 반대편입니다. 복잡성으로 인한 문제를 해결하기 위해 우리는 *집중*이라는 강력한 무기를 사용할 필요가 있습니다.

이 주장을 정당화하기 위해 엔트로피라는 과학적 개념에 대해 알아볼 것입니다. 이 개념은 열역학과 정보 이론과 같은 과학 분야에서 널리 알려져 있습니다. 엔트로피의 정의는 시스템에 있는 무작위성, 무질서, 불확실성의 정도입니다. 높은 엔트로피는 높은 무작위성과 혼돈을 의미합니다. 낮은 엔트로피는 질서와 예측 가능성을 의미합니다. 엔트로피는 유명한 열역학 제2 법칙인 *어떤 시스템의 엔트로피는 시간이 갈수록 증가한다. 즉, 높은 엔트로피 상태가 된다*의 핵심입니다.

그림 9-1은 고정된 수의 입자들이 정렬된 예로 엔트로피를 표현합니다. 왼쪽은 낮은 엔트로피 상태로 입자의 구성이 집을 닮아 있습니다. 각 입자의 위치는 예측가능하고 높은 수준의 질서와 구조를 따릅니다. 입자들이 어떻게 위치해야 하는지에 대한 더 큰 계획이 있습니다. 오른쪽은 높은 엔트로피 상태입니다. 집의 구조가 무너지고, 입자들의 패턴에는 질서가 없으며 혼돈으로 가고 있습니다. 시간이 흐르면 (만약 외부의 힘에 의해 에너지가 들어가 엔트로피가 줄어들지 않는다면) 엔트로피는 증가할 것이고 모든 질서는 붕괴됩니다. 예를 들어 폐허가 된 성이 열역학 제2 법칙의 증거입니다. 여러분은 이렇게 물을 것입니다. 열역학과 코딩 생산성에는 어떤 관계가 있나요? 잠시 후엔 분명해질 것입니다. 첫 번째 원칙에 대해 생각해보시죠.

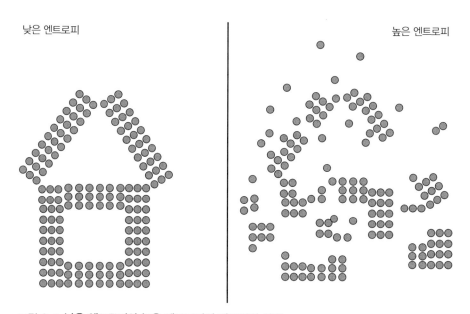

낮은 엔트로피   높은 엔트로피

그림 9-1. **낮은 엔트로피와 높은 엔트로피의 대조적인 상태**

생산성은 어떤 것을 만드는 것이고 이를 테면 집을 짓거나, 책을 집필하거나 혹은 소프트웨어 앱을 개발하는 것입니다. 생산적이 되려면 필수적으로 투입되는 자원들이 더 큰 계획을 성취할 수 있도록 정렬되어 *엔트로피를 줄여야* 합니다.

그림 9-2는 엔트로피와 생산성의 관계를 보여줍니다. 여러분은 창조자이고 건축가입니다. 여러분은 원자재를 가져와 더 큰 계획을 달성하기 위해 집중된 노력을 투입하여 높은 엔트로피 상태에서 낮은 엔트로피 상태로 이동합니다. 시간을 들여 주의 깊게 일련의 행동들을 *계획*하고, 세부적인 목표들을 설정하고 여러분이 원하는 결과를 만들어낼 규칙적인 습관과 행동 단계들을 설계합니다. 그다음 계획이 실현될 때까지 시간, 에너지, 돈과 사람들 같은 여러분이 가진 모든 자원들을 사용하여 *집중된 노력*을 기울이십시오. 지금 설명한 이것이 비밀이고 여러분이 인생에서 훨씬 생산적이고 성공하기 위해 필요한 모든 것입니다.

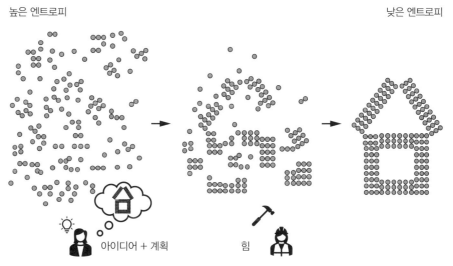

그림 9-2. **엔트로피와 생산성의 관계**

별것 아닌 것처럼 들릴 수도 있지만 대부분 사람들이 이것을 잘못합니다. 그들은 결코 아이디어를 성취하기 위해 집중된 노력을 하지 않습니다. 따라서 아이디어는 그들의 머릿속에만 갇혀있습니다. 많은 사람이 똑같은 삶을 살지만, 결코 어떠한 새로운 것도 계획하지 않습니다. 여러분은 오직 세심하게 계획하고 노력을 집중한 후에만 생산적인 사람이 될 수 있습니다. 예를 들어 스마트폰 앱을 만든다면 사전에 계획하고 그 목표를 성취할 때까지 집중된 노력을 통해서 혼돈에 질서를 가져올 수 있습니다.

이것이 단순하다면 왜 모든 사람들이 그렇게 하지 않을까요? 첫 번째 장애물은 여러분도 상상하듯이 흔히 집중력 부족으로 인한 복잡성입니다. 여러분이 다수의 계획을 하고 있거나 그 계획이 시간에 따라 필요 이상으로 변경된다면 전부를 그만두기까지 목표를 향해 단지 몇 발짝만 옮긴 것이 됩니다. 집중력을 충분히 오랜 시간 동안 *하나*의 계획에 집중한 후에만 여러분은 실제로 그것을 성취할 수 있습니다. 이것은 독서 (지금 이 책을 읽는 여러분은 이미 거의 이루었습니다!)와 같은 작은 성취나 혹은 책을 집필하거나 여러분의 첫 번째 앱을 출시하는 등의 큰 성취에도 모두 적용됩니다. 집중은 잃어버린 연결고리(missing link)[1]입니다.

그림 9-3은 집중의 힘을 그래픽으로 잘 설명합니다.

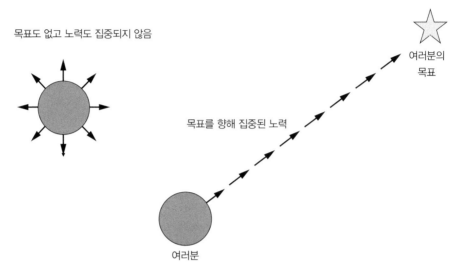

목표도 없고 노력도 집중되지 않음

목표를 향해 집중된 노력

여러분의 목표

여러분

그림 9-3. **같은 노력, 다른 결과**

여러분은 제한된 시간과 에너지를 가지고 있습니다. 어떤 날에 총 8시간을 보유 중이라고 합시다. 이것을 어떤 일에 몇 시간씩 투입할지 결정해야 합니다. 대부분의 사람들은 다수의 활동으로 조금씩 나눕니다. 예를 들어 밥은 한 시간은 미팅에, 한 시간은 코딩에, 한 시간은 SNS에, 한 시간은 프로젝트 논의에, 한 시간은 잡담에, 한 시간은 코드 문서화에, 한 시간은 새로운 프로젝트를 구상하는 것에 마지막으로 한 시간은 소설을 씁니다. 밥은 기껏해야 그가 하는 모든 활동들에서 평균적인 성취를 이뤄낼 뿐입니다. 반면에 앨리스는 8시간 동안 코딩이라는 한 가지 일을 합니다. 그녀는 그것을 매일 합니다. 성공적인 앱을 출시하는 목표에 빠른 진전을 보입니다. 많은 것들에 평균적인 성과를 내기보다 한두 가지에 월등합니다. 사실 그녀는 오직 코딩이라는 한 가지 강력한 기술에 매우 뛰어납니다. 그녀의 목표를 향한 진전은 멈출 줄을 모릅니다.

---

1 (역자 주) 전체를 이해하거나 완성하는 데 필요한 정보 같은 것

원칙들을 통합하기

이 책을 쓰기 시작했을 때는 집중은 하나의 생산성 향상을 위한 원칙으로 가정했지만 그것은 이 책에 소개된 모든 원칙들을 통합하는 원칙이라는 것이 분명해졌습니다. 다음을 확인해 보시죠.

80:20 원칙

핵심 소수에 집중하라. 20퍼센트가 80퍼센트의 결과를 결정한다는 것을 기억하고 사소한 다수는 무시하면 여러분의 생산성은 대폭 증가할 것입니다.

최소 기능 제품 만들기

한 번에 한 개의 가설에 집중하여 여러분의 제품의 복잡성을 줄이고 피처 크리프를 줄이고 제품 시장 적합성을 향한 진도를 최대화합니다. 어떤 코드를 작성하기 전에 사용자 수요에 관한 명확한 가설을 설정합니다. 절대적으로 필요한 것을 제외하고 나머지 모든 기능들을 제거합니다. 적은 것이 더 많습니다! 실제로 구현하는 것보다 더 많은 시간을 어떤 기능들을 구현할지 생각하는데 투입합니다. MVP를 빠르고 더 자주 배포하고 테스트를 통해 그것을 개선하고 점진적으로 기능을 추가합니다. 분할 테스트를 사용하여 두 가지 제품 변형에 대한 응답을 시험하고 핵심 사용자 지표를 개선하지 못하는 기능은 과감하게 폐기합니다.

클린하고 단순한 코드 작성하기

코드가 복잡하면 이해하는 데 오래 걸리고 실수할 확률이 높아집니다. 로버트 C. 마틴으로부터 배운 바와 같이 "코드를 읽는 시간과 코드를 작성하는 시간은 대략 10 대 1 비율입니다. 우리는 새로운 코드를 작성하기 위한 노력의 일부로 오래된 코드를 고정적으로 읽습니다." 여러분의 코드를 읽기 쉽게 만들면 새로운 코드를 작성하는 것도 단순해집니다. 스트렁크(Strunk)와 화이트(White)의 유명한 책인 "*스타일의 요소*(Macmillan, 1955)"에서 저자들은 작문 스킬을 향상하는 귀중한 원칙을 제안하였습니다. 그것은 *불필요한 단어를 빼라*는 것입니다. 필자는 이 원칙을 프로그래밍에 적용하여 *불필요한 코드를 빼라*고 제안합니다.

성급한 최적화는 모든 악의 근원

중요한 것에 최적화 노력을 집중하세요. 성급한 최적화는 궁극적으로는 불필요한 것으로 증명될 코드를 최적화하는데 귀중한 자원을 소모하는 행위입니다. 도날드 크누스에 따르면 "전체 시간의 97퍼센트는 작은 효율에 대해 잊으세요. 성급한 최적화는 모든 악의 근원입니다." 필자는 여섯 가지 최적화 팁을 논의하였습니다. 비교할 수 있는 지표를 택할 것, 80:20 원칙을 고려할 것, 알고리즘을 개선할 것, 적은 것이 더 많다는 원칙을 적용할 것, 반복되는 결과는 캐시에 저장할 것과 언제 멈출지를 알 것입니다. 이 모든 것들은 *집중*이라는 한 단어로 요약될 수 있습니다.

몰입

몰입은 현재 수행 중인 업무에 완전히 빠져든 상태로 여러분은 초점을 맞추고 집중된 상태입니다. 몰입의 연구자인 칙센트미하이는 몰입에 이르는 세 가지 조건을 제시하였습니다. (1) 목표가 분명할 것. 모든 라인의 코드는 더 큰 코드 프로젝트의 성공적인 완료에 기여해야 합니다. (2) 여러분의 환경에서 피드백 구조가 있어야 하고 가능하다면 즉각적인 것이 좋습니다. 직접 혹은 온라인으로 여러분의 작업에 대해 리뷰해줄 사람을 찾고 MVP 원칙을 따라야 합니다. (3) 기회와 능력 사이에 균형을 잡아야 합니다. 과제가 너무 쉬우면 흥미를 잃을 것이고 과제가 너무 어려우면 조기에 포기할 것입니다. 여러분이 이러한 조건들을 따르면 순수한 집중의 상태에 도달할 가능성이 높아집니다. 매일 자신에게 물어보세요. 오늘 나는 어떻게 소프트웨어 프로젝트를 다음 단계로 도약시킬 수 있을까? 이 질문은 도전적이지만 그것에 압도되어서는 안됩니다.

한 개의 일을 잘하기(유닉스 철학)

유닉스 철학의 기본 생각은 쉽게 확장하고 유지보수할 수 있도록 단순하고 명확하고 간결하고 모듈화된 코드를 작성하는 것입니다. 이것은 많은 다른 것들을 의미하지만 목표는 많은 사람들이 컴퓨터의 효율성보다는 인간의 효율성에 우선순위를 두고 함께 코딩 작업을 하는 것입니다. 모든 함수는 한 가지 목적에만 집중합니다. 더 좋은 코드를 작성하는 15가지 유닉스 원칙을 배웠는데 잠깐 살펴보면, 작은 것이 아름답다, 조기에 그리고 시끄럽게 실패하라 등이 있습니다. 여러분이 마음속에 *집중* 법칙을 최우선 순위로 간직한다면 모든 원칙을 기억할 필요 없이 여러분은 이들 원칙들에 따라 잘 해내고 있는 것입니다.

디자인은 적은 것이 더 많다

이것은 여러분의 디자인에 최소주의를 적용하는 것입니다. 검색 엔진 네이버와 구글, 블랙베리와 아이폰, OkCupid와 틴더의 차이점을 생각해보세요. 승자는 공통적으로 급진적으로 단순한 사용자 인터페이스를 가진 기술이었습니다. 최소주의적 웹 혹은 앱 디자인을 사용하여 여러분은 가장 잘하는 한 가지에 집중할 수 있습니다. 여러분의 제품이 제공하는 고유한 가치에 사용자의 관심을 집중시키세요.

결론

복잡성은 여러분의 적입니다. 왜냐하면 엔트로피를 최대화하기 때문입니다. 건축가 혹은 창조자로서 여러분은 엔트로피를 최소화하기 원합니다. 창작의 순수한 행위는 엔트로피를 최소화하는 방법 중 하나입니다. 이는 집중된 노력을 통해 달성할 수 있습니다. 집중은 모든 창조의 성공 비밀입니다. 워렌 버핏(Warren Buffett)과 빌 게이츠는 그들의 성공 비밀로 *집중*을 얘기했던 것을 명심하세요.

여러분의 직업에서 집중을 하려면 다음의 질문들을 스스로에게 해보세요.

- 어떤 소프트웨어 프로젝트에 내 노력을 집중하고 싶을까?
- 내 MVP를 만들기 위해 어떤 기능들에 집중하길 원하는가?
- 내 제품의 가능성을 검증하고 구현하기 위한 최소한의 디자인 요소들은 무엇일까?
- 누가 내 제품을 사용하고 왜 사용할까?
- 내 코드에서 제거할 수 있는 것은 무엇일까?
- 내 함수들은 오직 한 개의 일만 하는가?
- 어떻게 하면 더 적은 시간에 같은 결과를 달성할 수 있을까?

자신에게 이러한 혹은 유사한 집중적인 질문을 꾸준히 던질 수 있다면 여러분이 이 책에 소비한 돈과 시간은 충분히 그 가치를 할 것입니다.

저자의 편지

여러분은 이 책을 다 읽었고 프로그래밍 기술을 실제로 향상시키는 방법에 대한 통찰력을 얻었습니다. 여러분은 클린하고 단순한 코드를 작성하는 전술과 성공적인 실무자가 되는 전략을 학습하였습니다. 이제 개인적인 메모로 이 책의 내용을 정리할까 합니다!

복잡성이라는 수수께끼를 학습하면서 여러분은 이런 질문을 했을지 모릅니다. 만약 단순화가 그렇게 강력했다면 왜 모든 사람들이 하지 않을까? 문제는 그 엄청난 이득에도 단순화를 구현하는 것이 엄청난 배짱, 에너지와 의지력을 필요로 한다는 것입니다. 크고 작은 기업들은 일반적으로 업무를 제거하거나 단순화하는 것에 강력히 저항합니다. 어떤 사람은 그러한 기능들을 구현하고, 유지보수하고 관리하는 일을 담당하며 그들은 복잡한 과정들이 크게 부적절하다는 것을 알고도 필사적으로 그들의 업무를 지키려고 합니다. 문제는 손실 회피 성향입니다. 조금이라도 가치가 있는 것은 없애려 하지 않습니다. 우리는 이것과 맞서야 합니다. 저는 인생에서 결정한 단순화 조치에 대해 절대 후회하지 않습니다. 거의 모든 것에 가치가 있지만 여러분이 지불할 만한 가치가 있는지 숙고하는 것이 중요합니다. 필자가 핀스터 교육 사이트를 시작했을 때 의식적으로 소셜 미디어를 무시하였고, 눈에 띌 정도로 상황을 바꿀 수 있는 것들에 시간을 추가적으로 투자하여 즉시 주목할만한 긍정적인 결과를 얻기 시작했습니다. 단순화는 코딩뿐만 아니라 인생 전반에도 유익합니다. 여러분의 삶은 더욱 효율적이고 동시에 더 조용해집니다. 희망차게도 이 책을 읽음으로써 여러분은 단순화, 절감과 집중에 더 열린 마음을 갖게 되었습니다. 여러분이 단순화의 경로를 따르기로 결정한다면 좋은 회사에 들어갈 것입니다. 알버트 아인슈타인(Albert Einstein)은 "단순하고 소박한 삶의 방식은 모두에게 최고이며 몸과 마음에도 최상이다."라고 믿었습니다. 헨리 데이비드 소로우

(Henry David Thoreau)는 "단순하게, 단순하게 단순하게! 여러분의 일은 백 개, 천 개가 아니라 두 개 혹은 세 개가 되도록 하라."라고 결론지었습니다. 그리고 공자(Confucius)는 "인생은 매우 단순하지만 우리는 그것을 계속 복잡하게 만든다"는 것을 알았습니다.

여러분이 지속적으로 단순화하는 노력을 할 수 있도록 저는 한 페이지로 된 책의 요약 PDF 파일을 제작하였습니다. 이 파일은 책의 동반 페이지인 https://blog.finxter.com/simplicity/에서 다운로드할 수 있습니다. 또한 부담 없이 필자의 무료 핀스터 이메일 아카데미에 가입해보세요. 이곳은 프로그래밍에 관한 짧고 단순한 강의들을 제공하며 파이썬, 데이터 과학, 블록체인 개발 혹은 머신러닝과 같은 흥미로운 기술분야에 집중되어 있습니다. 그리고 최소주의, 프리랜싱과 비즈니스 전략 등을 고려한 생산성 팁과 기법들도 다루고 있습니다.

여러분이 떠나기 전에 많은 시간을 이 책에 할애해주신 여러분께 감사드립니다. 제 삶의 목표는 사람들이 코드를 통해 더 많은 것을 성취하는 것을 돕는 것이며, 이 책이 그 성취에 도움이 되기를 바랍니다. 여러분은 더 적게 일함으로써 코딩 생산성을 크게 높이는 방법에 대한 통찰을 얻기를 희망합니다. 필자는 여러분이 이 페이지를 넘기고 여러분의 첫 번째 혹은 다음 코딩 프로젝트를 가능한 한 빨리 시작하기를 희망합니다. 그리고 같은 생각을 가진 핀스터 커뮤니티에서 활발하게 활동하기를 희망합니다. 여러분의 성공을 응원합니다!

인덱스

클린 코드의 기술

1판 1쇄   2023년 1월 20일

저   자   Christian Mayer
번   역   유동환
발 행 인   김길수
발 행 처   (주)영진닷컴
주   소   서울특별시 금천구 가산디지털1로 128 STX-V타워 4층 401호
          (우)08507
등   록   2007. 4. 27. 제16-4189호

ⓒ2023. (주)영진닷컴

ISBN 978-89-314-6773-4